外資系リーゼントマネジャーの仕事圧縮術

すべての仕事を3分で終わらせる

マイクロソフトシンガポール
シニアマネジャー
岡田兵吾

ダイヤモンド社

はじめに

膨大な仕事を小さくして、最速で成果を上げる！

私は今までアクセンチュア、デロイトコンサルティング、マイクロソフトの3社で21年、うち14年はシンガポールのアジアハブで働いてきました。

そこで学んで、磨いてきたことは、日本のビジネスにおける課題「労働時間の長さ」「生産性の低さ」を解決できるものと確信しています。

外資系企業では、早ければ1週間、遅くても3か月の間で、成果を出さないとクビです。

こんな環境で生き抜くために、3つのことを心にとめて仕事をしてきました。

①すぐに動く
②期限を死んでも守る
③常にインパクトを意識する

日本にいるときは、この3つを厳守するために、プライベートの時間をすべて犠牲にして、毎日午前2〜4時に帰宅して仕事をこなしていました。

しかし、海外では「残業をゼロにしないとクビ」の世界です。部下に残業をさせるのもご法度で、自らが残業しても「仕事が遅い＝仕事ができない」と判断されてクビになります。

そこで、私は心がけるべきことに、4つ目の項目を加えるようになりました。

④仕事を圧縮する

時間をかければ、誰でもそれなりの成果を出せます。だからこそ、最小限の労力で最大の成果を出す人が評価されるのです。

つまり、時間当たり生産性の最大化が求められるのです。本書を手に取られた方は、次のようなことでお悩みではないでしょうか。

- 「上司の指示通りやっても、うまくいかない」
- 「一生懸命頑張ったけど、期日までに結果が出ない」

- 「最後の最後で上司やクライアントにダメ出しを食らう」
- 「なんとなく後回しにし、結局時間がとれなくなる」
- 「急なトラブルで、焦って仕上げが雑になってしまう」

グローバルトップ企業3社で働いてわかったこと。それは、**「仕事とは、上司やクライアントへのサービス」**だということです。

コピーの1枚の印刷、上司から頼まれた資料づくり、クライアントへの提案資料作成、長期で大規模な全社プロジェクト遂行、これらの作業すべてにサービスを提供する相手がいます。このような作業すべてを、本書では「仕事」と定義します。

仕事では、依頼相手をお客様として、顧客視点を意識したサービスを提供するのです。それも、残業ゼロで実現する必要があります。つまり、最小の労力でいかに生産性を最大化させるかが常に問われるのです。

日本では、仕事の質の最大化へのこだわりは強いものの、いまだ「時間はいくらでもある」という思想が根強く残っているので、生産性へのこだわりが希薄です。私も日本で仕事していた頃は、残業で何時間働いたかを武勇伝のように語っていました。

マイクロソフトシンガポールに転職した14年前、プロジェクトの期限を死守するために、部下に残業を指示し、上司に「勝手に残業をさせるな」と怒られました。そんな矢先、プロジェクトが佳境に入り、上司にまた怒られるのを覚悟して、チームの部下たちにも残業してもらいました。

徹夜覚悟の状況下で、部下の一人が帰ろうとしました。理由はお子さんの風邪でした。しかし、よくよく聞くと、専業主婦の奥さん、お父さん、お母さん、義理の弟さん夫妻が、すでにお子さんに付き添っていたので、無理に頼み込んで残業してもらいました。

その翌日、部下にお礼を言いに行ったら、

「次、残業なんか頼んできたら辞めてやるからな！」

と怒声を浴びせられ、私は唖然としてしまいました。

グローバル社会＝「残業ゼロ」の社会なのではなく、「残業ゼロにしないとクビ」の社会だったのです。

自らも残業できず、部下に残業させることもできません。日本で培った仕事術をいったん忘れて、仕事のできる外国人たちの仕事術を研究しました。

そして、14年間、トライアンドエラーで模索して、自分なりの仕事術を構築することができました。

本書で紹介する「仕事圧縮術」は、４つのステップで実現します。

①量をこなす
②時間を決める
③型をつくる
④型からはみ出たものは自分でやらない

最初に方向性を決めるために量で提案し、時間を決めて遵守します。最終ゴールに向けて型をつくり、余分なものは自分でやらず、他人を巻き込むのです。

仕事圧縮術の４つのステップによる仕事量の変化のイメージは、三角錐を逆さまにしたかたちです。

一つひとつのステップは決して難しくありません。4つのステップ、各々の仕事量の変化を意識して仕事することで、初めて仕事を圧縮することができるのです。

それも、単に仕事のスピードをアップするのではなく、質を保って仕事をこなすことができるのです。

仕事の9割は3分で終わります。終わらない1割も3分で判断します。そういう仕事は、未経験か不慣れのどちらかなので、まずは3分じっくり真剣に考えれば、作業も進み、次にどのような工程が必要かわかります。

3分で終わらない仕事も、いったん3分で終わらせるのです。これこそが、仕事を最もすばやく回す仕事術なのです。


私には「社会をよくしたい」という目標があります。

そう思ったきっかけは、「公民権運動の母」と呼ばれたローザ・パークス女史です。

大学時代のアメリカ交換留学中、偶然にもローザ・パークス女史が40年ぶりに公の場に現れることを聞きつけ、友人とレンタカーで5時間かけて集会に参加しました。

間近で見る彼女は小柄な普通の女性でした。しかし、彼女の勇気が後に、マルコムＸやキング牧師といった力あるリーダーたちを動かし世界を変えたのです。

会場は彼女のスピーチで感動に満ちあふれ、黒人霊歌の合唱のときには、大きな黒人男性たちが声も殺さず号泣していました。

たった一人の、それも普通の女性が、社会をこんなにも大きく変えた事実に感動し、私もローザ・パークス女史のように、日本をよくしたいと思いました。

現在は、私のグローバルビジネス経験とコンサルティング経験を、日本のために、日本人のために、活かしてもらえるよう活動しています。


私は、吉田松陰先生の思想に傾倒しています。松陰先生にならい、日本のグローバル化、次世代リーダー育成に注力し、執筆活動やセミナー開催も力を入れています。

松陰先生一人では成し得なかったことを、弟子たちを育てあげることで日本の歴史を変えました。同様に、私一人が日本をよくすることは不可能でも、２５００万人の日本人リーダーたちが日本をよくしようと志し、周りも感化してくれれば、日本は再興するのではないかと信じています。

現在40代半ばですが、どんどんやりたいと思うことが広がり、正直、時間がいくらあっても足りません。しかし、「仕事圧縮術」を活用し、とにかくやりたいこと、すべてを何でもやってみて、悔いのない人生をまっとうしたいと切望しています。

本書を手に取ってくださったあなたが、「なぜだかわからないけれど仕事が多い」と感じているのなら、「仕事圧縮術」をマスターし、次はあなたがリーダーになって周りの人を感化してあげてください。こうした感化の波が、日本の働き方を好転させるでしょう。

「仕事圧縮術」では、問題が大きくならないうちに、情報共有を徹底し、「ヒト・モノ・コト」など使えるものをすべて最大限に利用します。

私たちは小さな仕事、大きな仕事、さまざまな案件を抱えて日々働いています。「仕事圧縮術」を活用し、残業ゼロで生産性の高い仕事を実現する必要があるのです。

それでは、明日から「残業知らず」になり、「生産性」が爆発的にアップする「仕事圧縮術」について、具体的に紹介していきます。

本書が、皆様の仕事の生産性を向上させ、人生を充実させることに貢献できれば、これ以上の幸福はありません。ＳＴＡＹ　ＧＯＬＤ！

すべての仕事を3分で終わらせる

外資系リーゼントマネジャーの仕事圧縮術

目次

序章

仕事圧縮術を身に付けるために必要なマインドセット

ムリの先に未来《みち》がある……39

第1章

とりあえず何でもやってみて、量をこなしていく

第2章

時間を決めると、結果もスピードもついてくる

第3章

最終ゴールを常に意識して、型をつくる

第4章 まわりの仲間の能力を最大限活用して、型からはみ出たものは自分でやらない

序章

仕事圧縮術を身に付けるために必要なマインドセット

ムダから学ぶ仕事圧縮術

「必要」「必要でない」「ムダ」が識別できる

仕事を数多くこなしていると、改善すべきことに気付くようになります。

「なぜ、何度も同じ説明をしなければならないのか?」

「そもそもやる必要がないのでは?」

など、挙げ始めたらきりがありません。

一番ムダなのは、「過剰品質な作業」です。

アイデア出しのミーティングでは、精緻につくり込んだ枚数の多い資料は必要ありません。関連記事や資料をざっと集めて、それを基に話し合えば十分でしょう。

したがって、そんなときに、パワーポイントを駆使して綺麗な資料をつくるのはムダな作業です。

「会社の上司や先輩がそうやっていたから」「社内で暗黙のルールで進められていた」など、いろいろ事情はあるかもしれませんが、ムダであることには変わりありません。

一生懸命頑張っているつもりなのに、なぜか仕事が片付かない。そんな悩みを抱えている人は、決して少なくないでしょう。しかし、その一方で、**世界のトップ経営者をはじめとする「一流」と呼ばれる人たちは、ハードワークの真っ只中にありながら、不思議と「時間」をつくり出せている**ものです。

私が若手の頃、アクセンチュアで全世界のＣＲＭサービスを一括で担っていた責任者から言われた言葉は、今も頭の片隅に残っています。

「そもそも仕事というものは、やっている作業そのものにはそれほど変化がない。一つひとつの案件は違っても、自分の行動や使っている言葉、行わなければならない作業などは9割方同じ。もちろん、その仕事特有の作業はあるにしても、本当に頭を使って考えなければならないことは、せいぜい1割あるかないか。業務の基本的な行動については、そのほとんどが同じことの繰り返しだ」

彼の下で3年間働き、**「不可能だと思えた業務でも、標準化や効率化は可能である」**ことを学びました。

その後も、彼の言葉は私が自分の仕事を大きく見直すことに貢献してくれました。

大切なのは、**「同じ作業を繰り返すにしても、つまずいたり迷ったりするムダな時間をつくらない」**ことです。

忙しく働いている人ほど、「同じ作業の繰り返し」に気が付き、作業を最適化することが可能になっていきます。

つまり、仕事の中で、「必要」「必要でない」「ムダ」が識別できるようになるのです。

仕事を識別できないうちは、優先順位を付けてはいけない

仕事の識別ができるようになると、

- それぞれの作業を自分で対応したほうがいいのか
- 他人に任せるべきか
- どのような作業でどれくらいの時間で対応できるか

がわかり、仕事の全体像とスケジュールを把握することができます。

仕事の全体像とスケジュールが見えれば、それぞれの作業の順序立てができるので、ここで初めて作業の優先順位が付けられるようになります。

優先順位は「仕事の成果」に基づいて付けます。

しかし、通常、複数の仕事が並行して動くので、成果は高くなくても緊急の対応を求められる期日が近い仕事も多々あります。一方、今すぐに対応する必要がなくても、成果が高い仕事もあります。

「先送り」しがちな人は、時間をかけて取り組む、高い成果につながる仕事に関しては、意識して優先順位を高めて、期日に遅れないように対応していくことが必要です。

さまざまなビジネス書で、仕事に「優先順位」を付ける大切さを説いています。

これは理想論として決して間違っていませんが、それにこだわりすぎると、成果が高い時間のかかる仕事に取り掛かるのが遅れてしまう傾向に陥ってしまいます。

私が実践している、仕事の優先順位を付ける方法を紹介します。

この方法は、『7つの習慣』（スティーブン・R・コヴィー著、キングベアー出版）にて紹介されていた「時間管理のマトリックス」と呼ばれる有名な手法です。

まずは、作業をすべて書き出してから、重要度×緊急度のマトリックスに分類します。そして各マトリックスの中で、重要度が高い順に並び替えます。

重要度と緊急度が高い「緊急で重要なこと」が、一番優先順位が高いものとなります。また、重要度も緊急度も低い「緊急でも重要でもないこと」が、優先順位が一番低く、本当にやるべき作業なのか確認が必要となります。

たとえば、私の場合、メールを分類して「緊急でも重要でもない」に当てはまったものは、即刻削除しています。どうしても必要なメールなら先方からもう一度送ってくるので、とっておく必要はないのです。

ここで重要なのは、私たちが重要だと思っているものが、本当に「重要」かどうかを見極めることです。

「緊急」と「重要」は同じではありません。「緊急度」が高いからといって、成果が上がる仕

✓ 時間管理のマトリックス

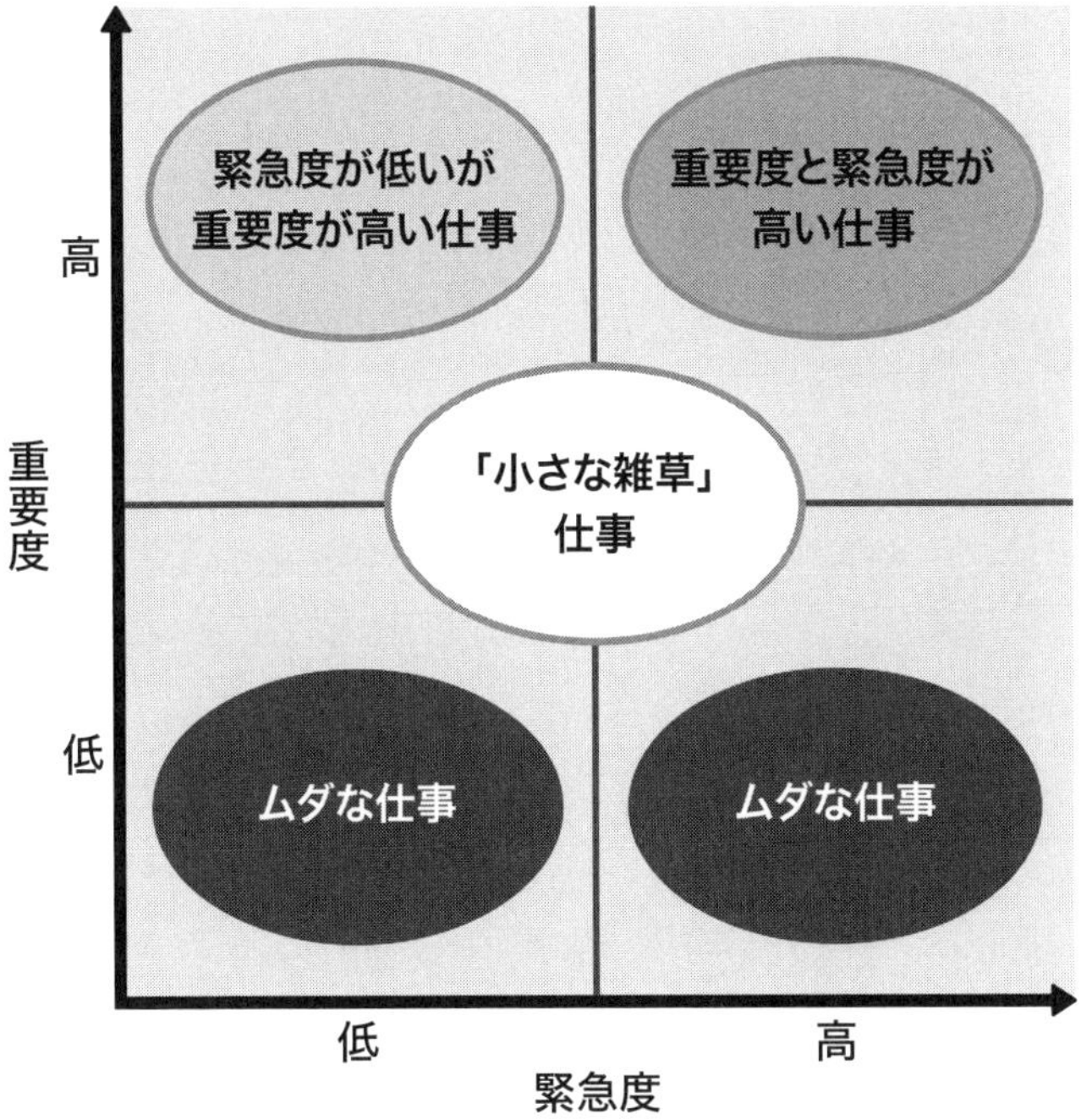

事とは限りません。しかし、「重要度」が高い仕事は、高い成果につながります。**仕事とは優れた成果を出すことが目的**です。仕事の重要度は成果に基づきます。

だからこそ、どんな仕事も優先順位を付けずに始めて、本当に必要な作業であるか否かを確認したうえで、正しく優先順位を決めることが必要なのです。

重要でないものは、緊急であっても、優先順位は高くないのです。

時間管理のマトリックスの下部にある「ムダな仕事」は減らし、「緊急ではないが重要なこと」の時間を増やす、このことを意識して効果的に取り組むことが大切なのです。

日常の仕事の9割は、重要度も緊急度も高くない「小さな雑草」仕事です。これらは、「重要度と緊急度が高い仕事」、「緊急度が低いが重要度が高い仕事」のあとに、行うようにします。

仕事の作業が識別できれば、仕事の全体像が見え、作業の順序立てができ、仕事の終わりが見えます。**仕事を効率的に終えるために必要なのは、仕事の全体像を確認したうえで、重要度と緊急度を考えて優先順位を決めること**です。

仕事を効率化、高速化、高度化できる

仕事のスピードを速くし、完璧にできるようになるために最も大切なことは、「経験」です。

私のアクセンチュア時代の先輩で、同社退職後、複数の起業やＩＰＯに関わり、現在は投資家・経営コンサルタントとして活躍されている方から、昔、こんな言葉を学びました。

「仕事の習得には1000時間、プロになるには1万時間」

何かを習得するためにかかるとされる「１０００時間の法則」と、マルコム・グラッドウェルが提唱した「1万時間の法則」を合わせた言葉です。

確かに、今まで出会った優秀な人々を見ていると、成功したのは彼らが優秀であったからではなく、１０００時間の仕事の練習を各領域でコツコツ積み重ね、自らを鍛えてきたためだと実感します。

だからこそ、特に会社に入ったばかりの新入社員や、新しい仕事に取り組むことになった人は、不完全でもいいので、スピードを上げながら数多くの仕事を経験するべきなのです。たくさんの仕事を通して、経験量を増やします。


経験量を徹底的に増やすと、**「慣れ」**ができます。

何度も経験していると**「コツ」**がつかめ、**「ポイント」**が見えてくるようになり、**「要領」**がわかるようになります。

すると、**スピードを速くしながら、質を高めていくことができる**のです。

しかし、このことをわかっていながら、経験量を増やすための行動をとる人は多くありません。


「要領」がわかると、**「効率化」**できます。

「パレートの法則（80：20の法則）」でいわれるように、普段の仕事の中で、「本当に大事なこと」「成果につながること」は20％しかないのです。その20％が、全体の80％の成果を生み出すのです。

ところが、多くの人は、本当に大事な20％には過小投資で、あまり大事でない80％に対して過大投資しています。

日々の業務のうちの80％は、「その人が付加価値を生めないルーチンワーク」を行っており、これが結果として、長時間労働になり、残業にもつながっているのです。

だからこそ、「重要度が高い＝成果につながる作業」と「重要度が低い＝成果につながらない作業」が見え始めたら、80％のルーチンワークを徹底的に「効率化」「最適化」していく必要があります。

仕事の経験を積み、仕事の要領をつかみ、仕事をテンプレート化することで、仕事を効率化し、スピードを大幅に上げることができます。テンプレート化の方法は、第3章で詳しく触れます。

とにかくまず、経験を重ねることが、仕事を効率化・高速化・高度化することにつながるのです。

仕事を必要最小限の労力で進める勘所がつかめてくる

仕事は「やってみないとわからない」ことも多々あるため、どうしても時間が経つと「ムダ」な仕事が数多く発生するものです。成果につながっていない限り、すべてムダな仕事であり、生産性を低下させます。

だからこそ、**仕事の「要領」をつかめたときが、仕事を見直すタイミング**です。どんな仕事も定期的に、1か月に1回程度は見直し、ムダであればその仕事はより効率的な方法に変えるか、やめることを検討すべきです。

仕事のスピードを上げるには、3つの方法が有効です。

①そもそもの仕事を減らす
②仕事を圧縮しながら、トータルの仕事量を減らす
③インパクトにこだわり、成果の80%を生み出す重要な20%に力を注ぐ

多くの場合、「仕事を早くする」よりも、「仕事を減らす」ほうが早く結果が出ます。つまり、成果につながらない80％の仕事の手を抜き、「成果につながる20％の仕事のみを行う」のです。

このためにも、引き受けた仕事について、成果を定義することから始めます。これを怠ると、ムダな努力をしてしまうことになるからです。だからこそ、少々手間がかかっても、仕事の定義決めには時間をかける必要があります。

手を抜くコツを覚えられれば、仕事を必要最小限の労力で進める勘所がつかめてくるのです。

必要な作業を効率化し、不必要な作業を最小化する

私がこれまで働いてきたアクセンチュア、デロイトトコンサルティング、マイクロソフトの3社の特徴は、とにかく上昇志向の強い人材が集まることです。

評価も厳しく、長くても3か月、短くて3日で、上司が部下を「できるか、できないか」判断します。「できない」と判断されれば、雑用ばかり言いつけられたり、仕事が回って

こなくなったりします。仕事が回ってこなければ、評価が落ち、最悪の場合クビになります。

そんな環境下で、私の同僚たちは皆、日々、仕事を効率化しスピードを上げることに磨きをかけ続けているのです。そうしないと、生き残れないからです。

新卒でアクセンチュアに入社した私は、アメリカでの3週間の研修を終え、初めてクライアント先に配属されたときも、上司からものすごいプレッシャーを受けました。

「お前は、コンサルタントだ。しかし、新卒で、仕事の経験がない。だが、お前の単価は高く、お客様に付加価値を提供できるように、死ぬほど働き、勉強する必要があるのだ。とにかく、プロフェッショナルとして、仕事は速く、完璧に仕上げる必要がある」

「速く」と「完璧」は、矛盾しています。速くしようと思えば、雑になります。一方、完璧にしようと思えば、遅くなります。「速く完璧」という仕事は、難度が高いものなのです。

正直、こんな仕事のできる人は限られていますし、実際ほとんどいませんでした。私もプロとして速く完璧に仕事をこなそうとし、当然ですが、スピードを心がけると、間違いが多くなり、たくさん失敗しました。

一方、完璧に仕上げようとすると、念入りにチェックするため、仕上げるまでに時間がかかります。速くしようとすれば、「間違いがあるぞ」と叱られ、完璧を意識すると「速くしろ」と叱られました。

どちらに転んでも叱られますから、よく落ち込んだものです。

ここで大切なのは、**必死に「速く完璧」を意識して仕事をするからこそ、「仕事を速く完璧にこなす」、「仕事ができる人」に近づくことができる**ということです。

「速く完璧」ははじめのうちこそうまくいきませんが、それを意識するかしないかは、その人の将来を決めてしまうほど、大きな違いがあります。

私は、常に「速く完璧」を求められる環境にいたので、試行錯誤しながらコツをつかんでいきました。しかし、「完璧」といっても、すべての作業に全力でこなすという意味ではありません。この詳細は、第2章の「期限は守るためにある」で紹介します。

必要な作業を効率化し、不必要な作業を最小化し、仕事にメリットをつけることが可能となり、「仕事圧縮術」を発見できるのです。

残業する人は、貴重な時間を失っている

日本で働いていた頃、残業は私の誇りでした。

「職場は戦場」などと語り、トランス状態で夜中までとことん働き、週末も働く。その残業分だけの成果を反映した「素晴らしい納得いく仕事」をしていることが、とても誇らしかったのです。

今、タイムマシンがあれば、当時の自分に言ってやりたいです。

「残業しなくても、素晴らしい納得いく仕事はできる」と。

残業することで、仕事以外の貴重な経験をする時間を失っています。将来のキャリアに必要な勉強・成長の妨げになっているのです。

残業して高い成果が望めるならば、メリットはあります。しかし、残業時間のほとんどは、成果につながらない、どうでもいい文言の修正やあまり価値を生まない資料作成に費やされていることが多いものです。

私も残業していた頃は、資料をいかに細やかに美しくつくるか、言ってみれば資料のデコレーションのために残業をしていたように思います。成果につながるコアな仕事がすでに終わっているならば、議論や商談を進めるためのストーリーの構成や話の進め方を考えることに時間を使ったほうがよかったと、今では思っています。

だからこそ、こうした努力が成果につながらない仕事にかける時間は、最小限にとどめます。コアの仕事が終われば、潔く作業をやめるのです。

残業をする人としない人では、勉強や新しい分野の情報収集など、他の貴重な経験に大きな差が生まれます。仕事にプライベートに充実した時間を確保し、仕事の成果と人生の可能性の最大化を実現することが大切です。

POINT

ムダから学ぶ仕事圧縮術

- 一番ムダなのは「過剰品質な作業」。枚数の多い精緻な資料はつくらない
- 9割の仕事は同じ。本当に頭を使って考える1割の仕事に注力する
- 仕事の全体像を確認したうえで、重要度と緊急度を考えて優先順位を決める
- 仕事の重要度は「成果」に基づいて決める
- 仕事の習得には1000時間、プロになるには1万時間、努力する
- 成果の80％を生み出す重要な20％に力を注ぐ

ムリの先に未来《みち》がある

ムリだと思っていたことも、想像以上にうまくいく

私がいるシンガポールでは、解雇は日常茶飯事です。マイクロソフトをはじめとするグローバル企業では、3か月の試験雇用が一般的であり、期待されるパフォーマンスが出ない場合は即刻クビとなります。

シンガポールで仕事を始めたばかりの頃、前任者から「絶対に期限内に終わらせるのは不可能」と言われたプロジェクトを指揮することとなりました。膨大な工数のためSE（システムエンジニア）を増やそうにも予算はなく、さらにSEスタッフの残業禁止を宣告されてしまうという窮地に陥っていました。

そんなときに、インド人の部下が、「熱を出した娘を、病院に連れて行くために、親戚一同が家に集まっているので、夕方4時頃に早退させてくれ」と頼んできたのです。

しかし彼は、ある重要な機能の開発の要であり、その機能の開発期限がかなり迫っていたこともあって、その日に必要な作業のために残業してから、帰宅してもらいました。するとと翌日、「今回は事情が事情だけに許すけど、次、残業なんか頼んできたら辞めてやるからな！」と激怒され、マネジャーとしての自信を完全に失ったことがありました。

この最初のプロジェクトを成功させた私は、その後立て続けに、プロジェクトマネジャーを担当することになりました。どのプロジェクトも気を抜けば、たちまち「不可能プロジェクト」に変貌してしまう状況下だったので、私はメールに添付されている膨大な量の資料を読み、1通1通丁寧にメールを読み込み、各担当者に確認してから処理し、睡眠は平均4時間という過酷な生活を強いられたのでした。

上司や仲間に叱咤激励を受け、必死で仕事に取り組みました。そうすることで、プロジェクト一つひとつを少しずつ効率化し、なんとか成し遂げていきました。小さな成功体験を積み重ねることで、振り返ると想像以上に、当初は考えもしなかった成果を生み出せたのです。

ムリだと思われることも、想像以上にうまくいくのだと、自分の可能性を信じること、そして、がむしゃらに挑戦することが仕事を進めるうえでは一番大切なのです。

それが「経験」となり、新しい「知見」が生まれる

仕事圧縮を実現するために一番大事なことは、**自分が本当にしたいことを全部始めてしまうこと**です。

日本は残業が多いので、他国と比べてはるかに働いている国というイメージを持たれているかもしれません。しかし、外国人たちも私たちが思っている以上に働いています。シンガポールで働いている人たちは定時で帰りますが、日々こなす仕事量は多いのです。

たとえば、ハーバード大卒でマイクロソフトシンガポールにて最年少ディレクターであった私の元上司は、1日600通を超えるメールをさばいて部署をマネージしながらも、定時には帰っていました。しかも子どものお迎えをして、一緒に夕食を食べて、寝かしつけていました。

彼が特別なのではなく、シンガポール人夫婦の84％は共働きなので（株式会社日本総合研究所「2015年度アジア主要都市コンシューマインサイト比較調査」より）、男性が子

どもの学校・習い事の送り迎えをしたり、勉強を見たりと、イクメンパパ率が大変高いのです。

だからといって、仕事と家族にだけ時間を割いているわけではありません。教会に通い、ボランティアにも参加して、旅行、資格勉強、副業もこなしてしまう。仕事ができる人ほど、やりたいことをすべてやっているのです。


仕事だけでキャパオーバーになっている人と、仕事以外にもいろいろなことをこなす人の間には、どんな違いがあるのでしょうか。

その違いは単純です。

キャパオーバーになっている人は、人生プランとして仕事だけを考えていますが、いろいろなことをこなす人は、仕事以外のやりたいこと・やるべきこと、すべてを盛り込んだ人生プランを持っているのです。

彼らは理想の人生プランを現実にするために行動を起こしています。**優先順位を付けずに、とにかくやりたいことを全部始めてしまう**のです。

全部やると、当然忙しくなります。しかし、**自分を極限の忙しさまで追い込むことで、**

自分に不必要なものを削ぎ落とし、大切なものを残せるように時間の割り振りを考えるのです。行動を起こさずに、躊躇し続けていても何も進展しません。想像であれこれ悩むより、現実は簡単な場合が圧倒的に多いのです。

やってみることでうまくいったことも失敗したことも、すべてが経験となり、新しい知見となります。だからこそ何事も経験として、とりあえずやってみる、何でもやってみることが大事なのです。

失敗を恐れなくなる

「とりあえずやってみる」「何でもやってみる」「すべてやってみる」と、たくさんの失敗もしてしまいます。

しかし、失敗しないと見えないこともあります。そして、失敗もまた経験です。失敗の経験が将来の糧となるのです。失敗を恐れないようになるのです。

コンサルタント時代は、あらゆる業種のお客様にさまざまなコンサルティングを提供しました。マイクロソフトでは、日本だけでなく、アジア全域のビジネスを担当し、アジア中の人々と仕事しました。15か国の異なる人種のメンバーもマネージしました。ＭＢＡも取得し、アジアだけでなく、欧米のメンバーとも仕事を共にし、アジアにいながら欧米人との仕事の進め方を学びました。

シンガポールで仕事を始めた頃は、英語も満足に聞き取れなかったこともあって、外国人たちとうまくコミュニケーションが取れず、落ち込んだこともありました。しかし、こうした経験があるからこそ、今では世界中のどんな人とでもコミュニケーションが取れるようになりました。

人は得てして、失敗することを恐れて行動できなくなります。なぜ失敗を恐れるのでしょうか？

一番の理由は、「経験がない」からです。

経験したことがないことが不安で、挑戦することができないのです。だからこそ、まずは経験知を蓄えるのです。**新しいことに挑戦して、やり遂げることで自信につながる**のです。

自信を持てるようになれば、また新たなことに挑戦できるようになります。こうしたサイクルが回り始めることで、**失敗を恐れない自分に成長できる**のです。

大きなことに挑戦しようとするほど、何らかの失敗が伴うものです。しかし失敗の経験も将来の糧となることを心にとめて、たくさんの挑戦を重ねて経験を積むのです。

やり抜く自信がついてくる

「やりたいこと」も「やるべきこと」も「苦手なこと」も躊躇することなく、「すぐやる」習慣を身に付けることが、仕事圧縮の第一歩です。

なぜこれができないのかというと、やる前に「ああでもない、こうでもない」と、頭の中で考えてしまうからです。

どんなことを始めるにしても、「見切り発車」しかありません。

やろうと決めたら、それに関して何も知らなくても、やり始めることです。

そして、ムリだと思っていたことも、ほんの少し成功への手ごたえを感じることができれば、それをやり続けることができるのです。この一つひとつの成功体験が、仕事をこなすことへの自信となります。

いろいろな仕事を数多くこなし、自分の中に知識や経験が増えてくると、楽しくなってきます。

かつて私は入社2年目で、日本で発売されたばかりの業務アプリケーションの担当に任命されました。

導入事例のあった海外のコンサルタントや技術者に製品の使い方を教わり、日本国内のお客様に機能を説明し、業務改革へつなげることを求められました。

国内では前例がないため、必死で英語のマニュアルを読み、時には海外のコンサルタントや技術者に質問をし、なんとか業務を語れるレベルになっていきました。そして、このソリューションにおいて、日本で一番詳しいコンサルタントとなったのです。

こういう経験をしていくうちに、私は上司や先輩に頼るのではなく、**「自分は何をすべきか」を常に自分で考え、行動する**ようになりました。

大切なことは、とりあえずやってみることです。

何でもやってみて、仕事の量をこなすことで、自らの壁をぶち破り続けて、やり抜く自信を磨くことです。

そのときに、可能であれば、あえて上司や他人がやったことのないことに、少しずつでも挑戦し、自分ならではの唯一無二の付加価値を生み出すことが大切です。こうすることで、自分の中でのやり抜く自信が培われ、新しいことにもどんどん挑戦できるようになるのです。

新しい仕事にも挑戦し、こなせる自信が湧いてくる

何でもやってみて、仕事の量をこなし、自らの壁を壊し続けていくうちに、いろいろなことに興味が湧いてきます。興味があることや自信が持てる領域などが出てくると、挑戦する気持ちがついてきます。

人は「目的」「目標」を持つと強くなるものです。

とにかく何でもやりこなし、仕事を進めてきた自信が原動力となり、前向きな挑戦が可

能になります。

私は幸いにも、世界中の数多くの成功している、人生を謳歌している外国人プロフェッショナルに出会ってきました。誰一人として仕事だけに専念し、これに追われている人はいません。

みんな、自分のやりたいことにも仕事にも貪欲に取り組んで、常に挑戦を続けています。あらゆることをやり遂げ、成功サイクルを実現しているのです。

自らの壁をぶち破り続けることで、新しい仕事にも挑戦し、少々の困難や挫折を味わってもあきらめずに努力し、何でもこなせる自信が湧いてくるのです。

自信が仕事を高速化する

「Make decision in a second（1秒で意思決定しろ）」


この言葉は、シンガポールのアクセンチュアのアメリカ人パートナーであった元上司から学んだものです。

当時、私は彼の指揮の下、日本人上司を介さず、アメリカ企業の米国本社のクライアント役員と日本法人の複数の顧客責任者への指揮をとっていました。チームも9か国15名の多国籍メンバーで、私の判断ミスがクライアントとチームメンバーの信頼を一気に失う危険性があったので、判断ひとつ下すにも不安を感じていたなかで受けた言葉でした。

自分に自信が持てると、意思決定ができるようになります。ビジネスでは、数えきれないほど意思決定の必要な場面があり、私たちは毎日数々の決断を求められます。

また、職位が上がれば上がるほど、意思決定の頻度が飛躍的に上がります。毎時間どころか一時間のうちに何度も意思決定を求められます。

意思決定にムダに時間はかけられません。

何でもやってみて、仕事の量をこなし、自らの壁を壊し続けて身に付けた自信があるからこそ、意思決定が可能となり、仕事の高速化を成し遂げることができるのです。

「0」から「1」を生み出すことが最も困難であるが、行動力は高まる

とりあえずやることで、できなかったことが少しでもできるようになることが大切です。

「1」を「10」にするのはただの進歩ですが、「0」を「1」にすることはイノベーションだと考えられており、こちらのほうが難しいといわれています。

問題なのは、「1」を生み出す努力をしないことです。

新しいことへの行動を躊躇し、まわりにも助けを求めたり相談したりしないことです。

「1」を生み出す行動に移るだけで、困難に対する行動力が高まるのです。

現在、私が在籍するマイクロソフトは、新たなミッション「Empower every person and every organization on the planet to achieve more.（地球上のすべての個人とすべての組織が、より多くのことを達成できるようにする）」の下、全世界で「変革」を進めています。

この変革に向けて、これまでの考え方や習慣にとらわれず、次のさらなる成長に向けて、社員一人ひとりがチャレンジしていく「Growth Mindset（成長思考）」を推し進めています。

特にグローバル社会では「Growth Mindset」が注目を浴びており、最も大切なことだと考えられています。失敗を恐れず挑戦することが求められているのです。

実際このような精神を、私は21年にわたる仕事のなかで習得してきました。

「0」から「1」を生み出すことはとても困難です。しかし物事はやめない限り失敗ではないのです。あきらめずにコツコツと粘り強く続けていれば「1」が生まれます。私も、「1」を生み出したといえる大きな経験があります。

11年前、デロイトコンサルティングでの、「1年2か月間、営業成績ゼロ」のときです。

私はデロイトコンサルティングで、東南アジア・中国の日系企業の海外進出支援、域内業務改善、人事・組織再編に関するコンサルティング案件の開発営業をしていました。シンガポールをベースに、アジア全域における日系企業のトップマネジメント層への営業でした。通常、パートナーやディレクターと呼ばれるベテランたちが行うコンサル営業に、30代前半で挑戦できる喜びで、血湧き肉躍る思いだったことを記憶しています。

ところがフタを開けてみると小さな案件の一つも取れず、1年2か月もの間、完全に売上ゼロでした。

あまりに売れないので、コスト削減に気持ちが向かってしまい、皆がシンガポールからクアラルンプールまで飛行機で移動する際、ただ一人長距離バスで営業先を訪問したこともありました（バスでの移動時間は5時間。飛行機は1時間。格安航空会社が多いため、長距離バスで営業した人間は、私が社内初でした）。

当時、私はすっかり自信をなくし、自慢のリーゼントも心なしか低くなり、自律神経失調症の症状まで出ていました。原因不明の頭痛に悩まされ、人前に出るとろれつが回らなくなる始末で、このまま社会人として働けなくなるかもしれないという恐怖に怯えていました。

しかしある日、「今がどん底なら、これより下に落ちようがない。じゃあ自由にいろいろやってみようか」とふと思ったのです。毎日ヘコんでいるのも時間のムダなので、マインドチェンジから始めてみました。

まずは、「アジア各国を回って、いろいろな人の話が聞けることは最高の勉強になる」と考えることにしました。お会いする相手はひと回り以上も年上の役員クラスの方々。そんな人たちが若造相手に時間を割いてくれただけでもありがたいと思うと、前向きに考えられるようになりました。

また、売上ゼロでつらいのが、とにかく成果が見えないことでした。そこで次に、会社内での自己防衛と自分のモチベーションのために、仕事を「見える化」してみました。日々の仕事をゲーム感覚で数値化し、数字として進歩や変化が見えるようにしたのです。数値化については第2章の「仕事には必ず期限をつける」で触れますが、先週よりも今週、先月よりも今月と、自分の頑張りが目に見えるようになったことで、折れそうになっていた心の支えになりました。

こうしたことを続けているうちに、アジア全域の業務統合・標準システム導入という大規模案件を受注したのでした。

初めてのことは、通常いきなり結果が出ることは少なく、踏ん張らなければならない時期があります。しかしそこを抜けると、「0」から「1」が生まれるのです。

初めてのものでも続けていけば、結果は必ずついてきます。結果が出ないという人は、あきらめて途中でやめてしまっているだけです。**つらいときこそ、あきらめずにコツコツ続けられる人が最後には結果を出せる**のです。

とりあえずやることで、「1」を生み出すと、どんなことでも必ず何らかの成果がついてきます。万が一途中でやめてしまい、失敗したとしても、その経験は後々私たちの知見となり、自分自身への強い自信となるはずです。

努力なくして成長なし：No Pain, No Gain

仕事を圧縮するには、「努力」が不可欠です。

今まで際限なく働いていたものを、残業時間をなくし、要るか要らないかわからないけど念のため用意していた資料の作成をやめ、本当に成果につながる仕事だけに対応していくように働き方を大改革するからです。

しかし仕事の中で何が不要かわからないときは、まず今やっているすべての仕事内容とかかっている時間を、書き出します。その情報を基に、第三者と優先順位付けをしてみます。

可能であれば、この第三者の役割を上司に担ってもらいます。この作業でわかる「不要な仕事」をやめる交渉をしやすくするためです。上司が一緒に作業できなくてもかまいません。その場合は結果だけをもって、上司と話し合います。

ムダな仕事は、話し合ってやめられるように交渉するのです。「商習慣から変えることはできない」と、仕事をなくすことに反対されるかもしれません。しかし自分がムダだと思う仕事は、簡単にあきらめずに、なぜムダと考えるのかを説明し、やめさせる努力をしましょう。

「ムダな仕事が議題にあがる」ことはムダではなく、その後も何度か問題としてあがることで、上司も「この仕事はなくてもいいのかも」と意識に刷り込まれていきます。この流れで、最終的にその仕事をなくすことも可能になるのです。

実際、私は今までコンサルタントとして、業務改革や組織改革を行うなかで、多くの反対意見に遭遇してきました。反対意見を一つひとつ確認して、各々がどのように変更していけるかを地道に確認して、改革を実現することができました。

自分がどうしてもムダだと考える作業は、リスクをとってもやめさせる努力をすることで、ムダな仕事の取り止めや、効率的な仕事の進め方への変更が可能となるのです。

また、上司や先輩、顧客は「あまり使わないけれど、あれば便利」といった仕事も依頼してきます。こうしたなくても困らないと思われる仕事についても、本当に必要か話し合ってみましょう。自分には見えていない仕事をこなすメリットもあるかもしれないので、オープンに話し合うのです。大切なことは、仕事圧縮の実現に向けて真剣に取り組むことです。

このように真剣に向き合うことで、「やめるべきか」、「継続すべきか」、「まったく別のやり方を見つけるか」が見えてきます。その結果、やはりムダだと判断した場合は、やめるように努力すべきです。

「努力なくして成長なし（No Pain, No Gain）」。

自分で努力し、自分の軸を持ち、自分の判断で失敗を繰り返すことで、仕事圧縮術の習得が可能となるのです。

さあ、次の章から、仕事圧縮術を身に付けていきましょう！

POINT

ムリの先に未来《みち》がある

- ムリだと思っていても想像以上にうまくいく。がむしゃらに挑戦する
- 自分が本当にしたいことを全部始める

▼自分を極限の忙しさまで追い込んで不必要なものを削ぎ落とす

▼仕事は想像するよりも簡単なことが多い。まずはやってみる

▼新しいことに挑戦できないのは経験がないからで、まずは経験を積み上げる

▼初めてのことへの成功には時間がかかる。あきらめずに踏ん張り続ける

第1章

とりあえず何でもやってみて、量をこなしていく

優先順位を付けずに、とにかくやってみる

やりたいことも苦手なことも、優先順位をまずは付けない

「この仕事は後でやろう」と先送りにしていたら、たくさんの仕事をため込んでしまい、何から手を付けていいのかわからなくなった……。

こんな経験をしたことがある人も多いのではないでしょうか。仕事の効率が悪い人ほど、優先順位にこだわります。後回しになっている仕事に至っては、まったく手を付けていないことも多いのです。

仕事をするうえで、初期段階では優先順位にこだわってはいけません。

現在、私は、日本、韓国、オーストラリア、ニュージーランドの業務責任者として働いています。1日200通を超えるメールの対応と打ち合わせを日夜こなし、米国本社や世

界中のメンバーと連携しながら複数のグローバルプロジェクトもこなしています。

大量の仕事を進めていくうちに習得した極意が、**「仕事に優先順位を付けない」**ことです。

かつて私は、シンガポールで仕事を始めた当初、すべての仕事に手を付ける前に優先順位を決めて、「やることリスト」をずらりと並べ、管理していました。

日々の業務に関わる仕事や、上司やプロジェクトのキーパーソンから依頼された仕事を、重要度が高い仕事と判断していました。これらに関わるメールだけを読み、これ以外のメールは、「やることリスト」の最後尾に置いていました。

その結果、ほとんどのメールを読むことなく、放置していました。それでも自分の仕事に関わるメールだけは読んでいたので、日々の仕事に支障をきたすことはありませんでした。

しかし、成果につながる本当に重要度の高いメールを見逃していたのです。会社の事業戦略や製品戦略、組織変更などをまったく把握していなかったため、社内方針の情報不足から仕事の遅延を引き起こしたり、手戻りを経験したりし、会社や業界全体の流れについていくことができなくなっていたのです。

また、せっかく米国本社のシニア役員と話すチャンスに恵まれても、社内情報の知識不足から的確な質問をすることができず、自分をアピールする機会を活かせませんでした。

仕事は手を付けずに中味を判断することはできません。かつての私のように、メールを読まずに重要か重要でないかを判断してはいけないのです。成果につながる仕事を誤って重要でないと判断してしまい、「後でやろう」と先送りしたことは、ほとんどが実現されません。「明日からダイエットしよう」という人が、実際にダイエットに成功することはないのと同じです。明日以降もいつまでたっても大切な情報は知ることもなく、高い成果につながる機会を失い続けるのです。

やりたいことも苦手なことも、優先順位を付けないでやりましょう。まずはやってみる。それが仕事の初期段階では大切なのです。

3分取り掛かることで、初めて仕事の中身がわかる

何か新しい仕事を頼まれたとしたら、まず3分取り掛かります。

情報収集だけでもいいのでやってみるのです。こうすることで、予想していたよりも必要な作業がある一方で、思っていた以上に簡単に作業が進んでこなせることなどがわかります。

大変そうだと思っていた仕事が実際に手を付けてみると意外に簡単だったり、逆に簡単だと思っていた仕事が大変だったりします。

仕事をやってみることで、初めて実質的な作業内容や工数が把握できるのです。

これを徹底していると、多くの仕事は、思っているほど時間がかからないことに気付きます。９割のメールは意思決定に30秒もかかりません。その場で処理してしまえば、タスクリストに加えるまでもなく、３分で片付きます。

多くの仕事は、３分以内に仕事が終わります。仕事の内容を把握するだけでなく、可能な限り、仕事を終わらせることも大切です。

もちろん3分で終わらない仕事もあります。どう進めたらよいかわからない仕事です。「どう進めたらよいかわからない仕事」は、未経験か不慣れのどちらかなので、どうしても時間がかかってしまいます。こうした仕事に時間を割くためにも、その場で処理できることは即決で片付けたほうがいいのです。

大事なことは、まず3分間仕事に手を付けてみることです。そうすることで、仕事を円滑に進めるために、何ができて、その作業にどれくらい時間がかかりそうか、仕事の中身やサイズ感が初めてわかるのです。

やるべきことの全体像がイメージできる

仕事の中身がわかったら、次はそれぞれの作業を効率的に進める順序を考えます。どの作業が自分にできるか、できないかを確認します。自分でできない作業については、どうすれば進めることができるのかを考え、この解決に向けて必要なアクションを考えるのです。

では、作業の中身はどのように確認すればよいのでしょうか。

たとえば、「会社の利益を増やせ」と漠然と言われても困るのではないでしょうか。これを深く掘り下げると、「利益を増やす」には、「売上を増やす」方法と「費用を減らす」方法があることがわかります。

このように、「利益を増やす」ための要素を考え、これを細かく深掘りするのです。作業しやすいレベルまで仕事の中身を分解することで、仕事の全体像と流れがわかるのです。仕事の中身と全体像を把握したら、次に作業しやすいレベルまで分解した仕事の進め方を考えます。

自分一人でできない仕事が出てきたときもチャンスです。自分に足りない経験やスキルが何なのかが、浮き彫りになるからです。その浮き彫りになった自分のウィークポイントは、今後のスキルアップの参考にします。

どんな仕事でも、やるべきことの全体像を確認し、作業しやすいレベルまで分解していくことが基本です。分解し小さくした仕事に必要な作業を確認し、それぞれ「誰が」「どのように」「どれくらい」で作業するのかを考え、順序を組み立てるのです。

このように、やるべきことの中身を理解し、全体像がイメージできると、仕事をこなす具体的な方法や作業、そして手順が確認でき、効率的に仕事を進めることができるのです。

極限まで忙しくなることで、ようやく仕事の効率化を行える

「自分がやりたいこと」を「優先順位を付けず」に「全部やり始める」ことは、大変です。

しかし、「大変」な想像だけをして、やらない言い訳を考え、実践しないことは人生の時間のムダ遣いなのです。

かくいう昔の私もキャパオーバーになっている人でした。残業が多くなりがちな仕事をしながら、エグゼクティブMBAに通っていたのです。

シンガポールで働き始めて1年半が経った頃、世界トップレベルのスペインのIEビジネススクールに入学しました。MBAというと、会社を休むか辞めるかして、フルタイムで通うイメージが強いですが、欧米やアジア諸国では仕事を続けながら通うスタイルも多いのです。

私が通ったエグゼクティブMBAは、マネジャークラスの人間がさらに上の役職を狙うために通うプログラムでした。平均年齢39歳のクラスメートが28名、22か国から集う国際

色豊かなクラスでした。

またメンバーのキャリアも素晴らしく、スイス銀行のグローバルマーケティングのトップ、DHLオランダのCFO、ネスレ本社人事ディレクター、クロアチア唯一のヨットチームキャプテンを務める女性起業家、米海軍出身のジェンパクト本社の役員など。私が今まで出会ったことのないような優秀で実績豊富な人たちがそろっていました。

MBAを始めた当初、私は完全なキャパオーバーでアップアップな状態でした。当時仕事が忙しいなか、各教科20ページずつの英語論文を熟読して、毎日2～3教科分のレポートを作成していました。平均睡眠時間2時間の日々が2週間続いていました。

しかし、外国人のクラスメートたちは、仕事も勉強も涼しい顔で短時間で終わらせ、友人との食事やパーティーや旅行に頻繁に出かけていました。彼らは仕事も課題もこなして、思いっきりプライベートを充実させていました。さらにボランティアにも励み、在学中にNPOを立ち上げた猛者もいたのです。

そこで恥を忍んで、私は彼らに作業を圧縮する秘訣は何なのか、教えを請いました。その秘訣のコアとなる思考は3つです。

①仕事以外のやりたいことは絶対にやる
②仕事の生産性を最大化し、必ず定時で仕事を終わらせる
③独自のタイムマネジメント方法を確立する

彼らは、「仕事の時間を圧縮してから、プライベートでやりたいことをする」のではなく、「プライベートも必須作業の一つとして犠牲にしない」というスタンスだったのです。

今まで私は、仕事が長引けば、その分はプライベートの時間を削ることで対処してきました。それが社会人として当然のことだと信じてきました。

しかし、その思想が「残業ゼロ」への足かせとなっていたのです。プライベートも、断じて削れない「作業の一つ」と意識しなければいけなかったのです。たとえそれが、「普段の家族との食事」であったとしてもです。

仕事圧縮に必要なことは、「飛行機の出発時刻のように、終業時刻は超えられないデッドライン」と認識することなのです。残業ができると思っているうちは、仕事を圧縮しなくても仕事が回るので、本当の意味で仕事圧縮が必要とならないのです。

私は彼らにならい、大量の仕事と大量のＭＢＡの課題に加えてプライベートを充実させる予定を盛り込んでみました。極限の忙しさまで自分を追い込むことで、絶対に落とせない大切な仕事や、作業のコアを自然に見極めるようになっていきました。

大切な仕事だけを効率よく進め、限られた時間内に必ず終えるように努めました。時間捻出をトライアンドエラーで試み、時間内に終わらない作業は無理やり終わらせ、帰宅時間をまわりに公言して予定した時間でキッチリ帰宅しながら、最終的に成果を出したのです。

仕事の効率化を図るコツは、極限まで自分を忙しくすることです。

人間は、自分を極限の忙しさまで追い込むことで、自分に不必要なものを削ぎ落とし、大切なものだけを残せるように、効率化できるのです。

POINT

優先順位を付けずに、とにかくやってみる

▼やりたいことも苦手なことも、初期段階では優先順位を付けない

- まずは3分取り掛かることで、仕事の中身やサイズ感がわかる
- 多くの仕事は3分以内に終わる。3分以内で仕事を極力終わらせる
- 仕事の全体像がわかると、実現へ向けた方法や手順が具体化できる
- プライベートも必須作業の一つとして犠牲にしない
- 飛行機の出発時刻のように、終業時刻は超えられないデッドラインと認識する

最初に努力することで仕事を圧縮できる

先手必勝。物事を決める前の初期段階で全力を注ぐ

仕事においては、「先出し」が原則です。

たとえば、ある仕事を行うのに1週間かかるとします。一般的には、まず自分で作業し、ある程度でき上がった段階で、上司や関係者に見せることになると思います。

しかし、そこで上司にレビューを受けて訂正が入ると、それまでの時間はムダになります。

私ならドラフト作成はしません。**作業に入る前に「先出し」で、上司や部下、関係者と話し合い、必要な情報を共有する**ことから始めます。

ちなみに、人を集めるなら月曜日がいいです。月曜日はメールが溜まって仕事が多いように思われがちですが、大きな面倒くさい仕事を月曜からする人は少ないので、一週間で

一番集まりやすい曜日だからです。

しかも、最初の段階から、大きな方向性を「先出し」で検討してしまいます。

これをすることで、その後の検討作業や議論の生産性が格段に向上します。もちろん、節目節目で方向性が正しいかを確認していく必要はあります。

アクセンチュア、デロイトコンサルティングの2社で、各種プロジェクトの責任者として仕事をしていたとき、「プロジェクトの最初の1週間が勝負」と、常に心がけていました。

この天下分け目の「最初の1週間」を成功させるために、**私が強くこだわったのは、シニアリーダーたちの時間の確保**でした。

この際、成果物のイメージと作業計画をほぼ完成させることに努めました。打ち合わせ後には、チームにわかりやすい作業計画を示せるので、的外れな仕事をすることなく、チームの信頼を得てプロジェクトを遂行することができました。

先手必勝の秘策は、物事を決める前の初期段階に全力を注ぐことです。

高い成果につながる仕事こそ、常に最初に行う

仕事の評価は「成果」です。それ以外は補足にしかなりません。日本における働き方革命の実行計画策定時には、定時帰宅や残業ゼロの実現に議論のテーマが集中していました。しかし仕事とは、「成果」が第一なのです。

私たちは、口やかましい人からの仕事や、簡単なやりやすい仕事を優先して進めがちです。

しかし**結果を出す人は、「高い成果につながる仕事」を常に意識しています**。初期段階では優先順位を付けず、3分間仕事をして、中身やサイズ感を見極めたら、「高い成果につながる仕事」を優先させます。

「仕事の習得には1000時間、プロになるには1万時間」といわれてきた私のように、仕事を経験すればするほど、仕事の勘所が磨かれ、どのような仕事が高い成果を生み出す

かがわかってきます。

同じように見える仕事でも「高い成果」につながるか否かを基準に、力の入れ具合、時間の割り振りを考えるのです。

高い成果につながる仕事こそ、常に最初に行うのです。

仕事の成功は成果で決まる

どんな仕事や会議であっても、時間をムダにしないためには、明確な目標を設定することが大切です。目標設定をする際のポイントとなるのは、「できそうな」目標の中で、最大限に高い目標を設定することです。

私の所属部署であるマイクロソフト アジア・オペレーション・センターのCFOが、目標設定についてよく語っている言葉があります。

「人は目標を決める際、〝自分が実現できるレベルの目標を定める〟傾向にある。しかし高い成果を上げたいときは、実現が可能かどうかを推し量るのではなく、大きな志を持ってストレッチゴール（その人の能力をしのぐ目標）となるように、高い水準の目標を定めることが必要なのだ」

彼は、目標を高く設定することで、おのずと視点が高くなるので、さまざまな選択肢が生まれて、結果として高い成果につながる。また、高い目標を設定しない限り、いつまでも小さな改善しか実現できず、高い目標があるからこそ、大きな変革を実現できると、高い目標設定の大切さを教えてくれました。

高い目標設定を習慣化している人が、高い成果を生み出すことができるのです。ストレッチゴールは、達成できなくても誰も怒りません。自分の成長や可能性を最大化するためのビッグマウスは、上司も応援してくれます。

自分一人でストレッチゴールを設定するのが厳しければ、上司にも相談して、頑張ればなんとか達成できるストレッチゴールを設定して、頑張ってみましょう。目標値を上げる努力を行ううちに、高い目標設定が可能となっていくものです。

成果につながる仕事の中でも、手間がかかる仕事を真っ先に行う

高い成果につながる仕事をしていくなかで、自分にとって、きつい仕事や困難で手間がかかる仕事こそ、真っ先に手を付けて早く終わらせてしまいます。

手間がかかる仕事を先にやり終えたほうが精神的に楽なのもありますが、もっと大きなメリットがあります。

手間がかかる仕事は、多くの時間や工数を要することが多く、手戻りも発生しやすいので、早めにスタートさせることで、万が一の問題発生に備えて、期間の余裕を持たせるのです。ある方法がうまくいかなかったとしても別の方法を検討し、速やかに代替案に移行することで、期日を守ることができます。

また、上司との認識の違いで手戻りとなる場合も多いのではないでしょうか。これは仕事の初期段階で手間をかけて、しっかりと目的や完成イメージを確認していなかったことが原因です。確認すべきところを、手間がかかり面倒くさいと見て見ぬふりをしたことで、しっぺ返しがきたのです。面倒くさい、手間がかかると思っても、上司と目的や条件をし

っかりと「先出し」で確認することでこのような手戻りも回避できます。

仕事を進めるなかで、他部門にも協力を求めることがあります。関係しそうな部署も、仕事の初期段階で「先出し」で巻き込んでいくのです。

プロジェクトの目的やスケジュールを、初期段階で共有しましょう。途中で頼むよりも、最初に頼むほうが、いろいろな視点の情報や協力を得られるメリットがあります。

自分にとって手間がかかる、面倒くさい仕事を「先出し」で進めていくことで、不測の事態が起こったとしても期限内にすべてのことを収めることができるのです。また質の高い仕事も実現できて、仕事のスピードアップにもつながります。

人を巻き込む仕事術の詳細は、第4章でさらにお話ししていきます。

☑ ミーティングは事前に情報共有する

ミーティングや打ち合わせにおいては、日程の設定時に目的やお願い事、事前資料を用意し、事前に情報共有をしておきます。

この節の最初の項「先手必勝。物事を決める前の初期段階で全力を注ぐ」で伝えた「先出し」の技術が最も有効です。

事前に目的や求める効果、資料を参加者に共有すると、時間内で効率的な議論ができるようになります。参加者が事前に資料を確認しておくことで、時間内に追加案も検討できるので、抜け漏れのない議論が行えます。次回に議論を持ち越すことなく、検討漏れによる作業のやり直しなども減ります。

ミーティングの目的は、次につながるアクションを確認することです。

だからこそ、事前に情報共有を行うことが大切なのです。事前に共有することで、場合によっては事前資料や情報だけで確認ができることとなり、ミーティング自体が不要となることもあります。

ミーティングを開催するにも、参加者の時間や場所の確保が必要で、多くの時間とコストがかかることを常に意識すべきです。いかにミーティングを効率化するか。できるだけ、仕事の工数を減らすことを意識しましょう。

選択肢は必ず用意する

ミーティングや打ち合わせの場合は、事前に自分が提案したい検討案を用意します。大切なのは、**可能な限り多く用意する**ことです。

多く用意することで、自分自身の理解が広がります。理解が広がることで、打ち合わせにおいて、自分の意見をよりわかりやすく効率的に伝えることができるようになります。

上司や関係者との議論も活発になり、より多くの案が出てきます。数多くの案を議論することで、検討の抜け漏れもなくなります。

私は検討案をつくるとき、「最低3つ」用意します。「2つの検討案からどちらかを選ぶ」状況にしないためです。

二者択一を迫られると、人は選択に迷いが生まれて、決断を先送りする習性があります。なんとか選択から逃れようとして、「2つしか案がないけど、他は検討したの？」と検討漏れを指摘されます。最悪の場合、持ち帰って検討することになってしまいます。

そこで防止策として、「松竹梅」の3案を用意します。「松」「梅」の両極端の案と、その中庸となる「竹」案を用意することで、検討がスムーズになります。

選択肢は最低3つ。理想をいえば、選択肢をすべて洗い出して、3つ以上の案を必要なだけ用意できれば完璧です。

選択肢の情報出しとして、役立つのがマトリックス表です。マトリックス表というのは、縦横の軸に情報を並べることによって整理するものです。簡潔に物事を整理できるので、コンサルタントの資料でよく使われています。

たとえば、パソコンを売り出すことを考えるときに、「機能」という軸、「価格」という軸の2軸を設定します。2軸をクロスした2×2のマトリックス表を作成して、「機能が高く、価格が高い」「機能が高く、価格が低い」「機能が低く、価格が高い」「機能が低く、価格が低い」という4つの選択肢を出すことができます。そしてこの中で、他社商品と自社商品の位置づけを比較して、今後の展開に活かすことができるのです。

3案を用意することでも十分ですが、検討漏れをなくし、初期段階で網羅感を持って多くの可能性を検討するためには、とにかく数多くの代替案を出し切ることです。それがト

選択肢の情報出し

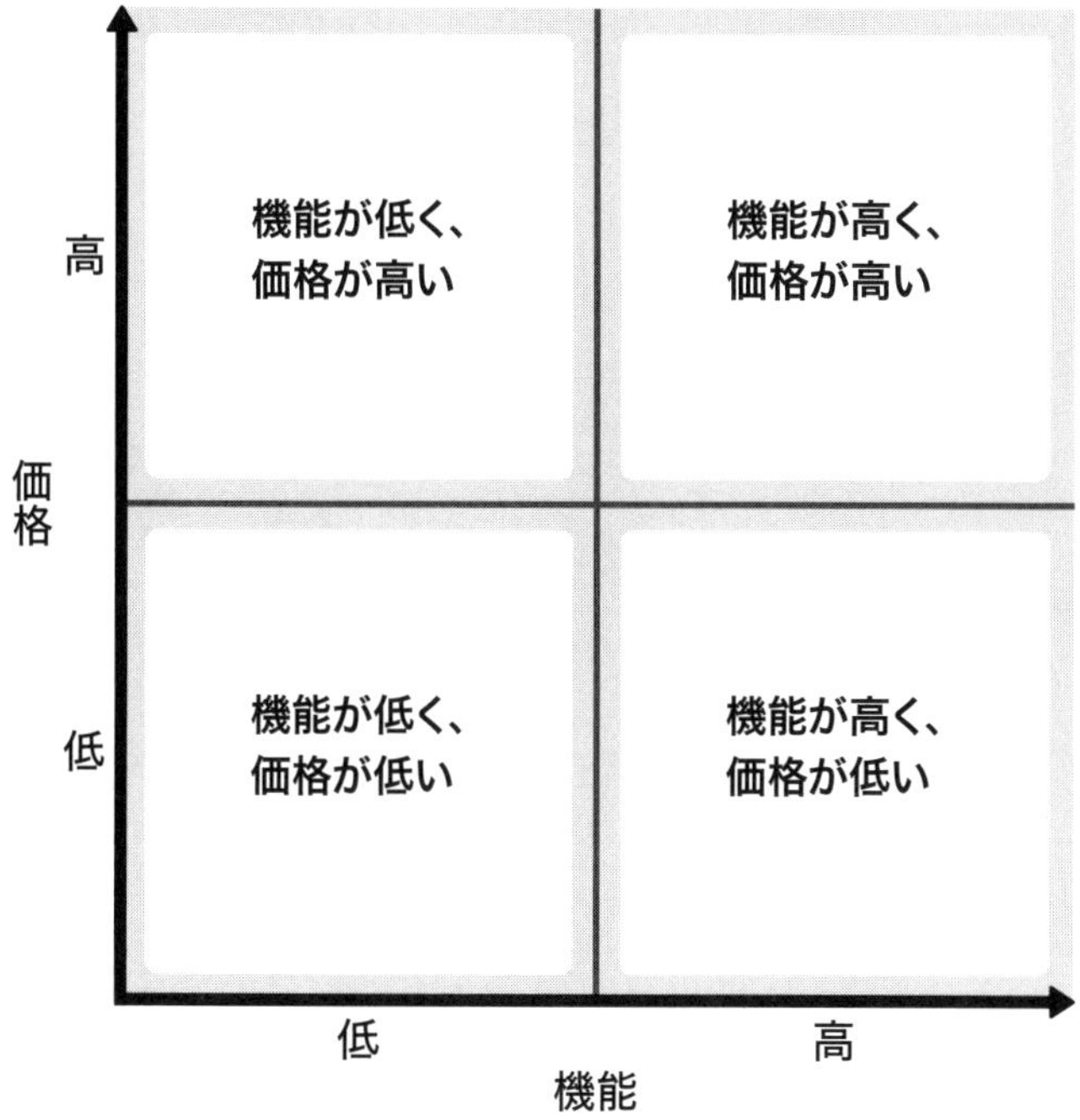

ータルでの仕事量を減らし、仕事の質を向上させることにつながります。

この代替案や選択肢を用意するために役立つのが、フレームワークです。第3章で詳細を紹介します。

仕事の原理原則は、80：20の法則である

序章でも少し触れた「パレートの法則」は、「上位20％の人が、社会全体の所得の80％を所有している」という経済学者パレートによって提唱された理論です。

このことから、

- 「全顧客の上位20％の顧客が売上の80％を占める」
- 「10項目の品質向上リストのうち、上位20％を改善すれば80％の効果がある」
- 「仕事の80％の成果は20％の努力から生み出される」

といわれています。

私はこの「80：20の法則」を仕事の圧縮にも活用しています。

仕事の進め方に反映させるなら、最初の20％の時間で全体の80％の仕事の達成を目指します。

締め切りまで10日間あるなら、最初の2日で多くの関係者に全体像を確認して、意見や要望を集め、80％完成させます。早い段階で問題点や改善点が見えるので、締め切りまでに解決する時間ができ、完成度の高い仕事をこなせるのです。

最初に取り掛かる仕事についても、80％の成果を生み出す20％の作業の要所を見極めます。

仕事は大きな作業から、細分化していくことができます。細分化しても「80：20の法則」は適用できます。「80：20の法則」はすべての工程に反映できるので、仕事を進めるうえで常に意識することが大切です。

POINT

最初に努力することで仕事を圧縮できる

- 先手必勝。最初に努力することで仕事を圧縮する
- 手間がかかり、高い成果につながる仕事こそ、常に最初に行う

- 仕事の成功は成果で決まる。常にゴールとインパクトを意識する
- 高い目標設定を習慣化することで、高い成果を生み出せる
- 選択肢は3つ以上用意する
- 仕事の原理原則は、80：20の法則を意識する

第2章

時間を決めると、結果もスピードもついてくる

すべてをすばやくこなす

目の前の仕事はすばやく、正確に、大量に片っ端から片付ける

仕事があふれかえっていた頃は、「どの仕事から手を付けるかを考えること」が、朝一番の仕事でした。重要度や緊急度の高いものから順番にこなしていくのですが、優先順位を付ける行為もまた、時間を費やすのです。

そこで、第1章では初動の重要性をお伝えしましたが、本章では、その後に続くゴールまでの時間をどう短縮するか、時間の使い方をレクチャーしていきます。

今は仕事をする際、次の4つを心がけています。

①すぐに終わるものは、その瞬間に終わらせる

自分一人のちょっとした確認で対応できる作業は、見た瞬間に意思決定を終わらせます。

優先順位などを考えずに、ひたすらスピーディにこなしていきます。

仕事の依頼を受けたら、その場でその瞬間に考えて、ＯＫならすぐに「ＯＫ」と回答します。また自分で対応を決めることができるものは、すぐに決断して、作業を次に進めます。

できる範囲で作業を分解し、自分ができるレベルまでは、その場でやり遂げるのです。そして、上司や責任者など、相談が必要な人たちに、必要な協力を確認できるように、作業を次のステップへ進めることです。

仕事を受けた時点で、自分でできるところまで瞬時に対応し、次の作業に進みます。自分で判断できない内容は、解決策や今後の進め方など、自分ができるレベルで整理します。

自分のところに仕事を長く留めないように気をつけましょう。一人が仕事を滞らせると、まわりの関係者の時間も奪います。時間は他の人にとっても人生の時間であり、「コスト」です。

②ミーティング中に仕上げる。決して持ち帰らない

議事録をミーティング中につくるのは、「マスト」です。たとえ、ミーティング中に確

認したいことが発生しても、電話やチャットを使って、その場で確認します。「後日、確認しましょう」などと持ち帰っては絶対にいけません。

議事録はミーティング時に作成できるレベルで十分です。資料を使ったミーティングであれば、その場で確認事項と今後のアクションや期日を決めてしまい、簡単な議事録を作成し、次のアクションへ進むのです。

どうしても持ち帰る必要がある場合は、資料のアウトラインや主なメッセージ、目的を確認し、ドラフト案だけでも打ち合わせ中に作成します。そして、この合意されたドラフト案を少し修正し、ミーティング後、できるだけ早く確認してもらうのです。

ミーティング中が一番参加者の熱が高まっているので、アイデアも出やすいときです。ミーティングから時間が経てば経つほど、熱が冷めて質とスピードも落ちるのです。ミーティング時に持ち帰らずにすべてを決める。どうしても持ち帰る場合も、後日早めに確認できるように最大の努力をすることが大切です。

③検討案でアウトプットイメージを共有し、正確に仕事を進める

すばやく大量に仕事をすると、ミスが出ます。一方、ミスがないように仕事をしようと

すると、作業が遅くなり、時間をとられます。

ここでの正確さとは、方向性やアウトラインのずれをなくすという意味の正確さです。結果として、ムダに工数がかかるのは、アウトプットが目的とずれるからです。目的、アウトライン、成果物イメージを改めて確認したうえで検討案をつくり、アウトプットイメージを共有して、目で見えるかたちで意識を合わせます。

「ここは違う」とか、「そうそう、そんな感じ」という感触をつかむことで、その後、やり直しを命じられたり、ムダな仕事をしたりすることもなく、最短で仕事を進めることができるのです。

④仕事は短く区切り、密度を高く集中して行う

私は「仕事の密度」にこだわります。このため、資料の用意や、次の企画についてのアイデア出し、メール処理などを並行して行うのではなく、作業を一点に絞り、集中して処理するように心がけます。

次項の「仕事の9割は3分で終わる」にて詳しく紹介しますが、仕事には集中力が大切です。特に、「最初の3分の猛ダッシュ」が大切だと考えています。

最初に猛ダッシュ。この繰り返しで作業します。とはいえ、集中力が続くのにも限界があります。集中できる時間は人それぞれですが、私の集中できる時間は30分なので、私は「3分」「30分」を区切りとして、とにかく集中し、熱量高く仕事を進めます。

もちろん「30分」でなくてもよいので、自分が集中できる時間を把握して、このタイムスパンでリズミカルにうまく気分を切り替えながら、一日で集中する時間を増やし、トータルの仕事の効率化を図っていきます。

仕事の9割は3分で終わる

仕事で、「時間がないからできない」「タスクを抱えていてできない」「誰がいつどのように対応したらいいかわからない」といったことが議論になることがあります。

GEで「シックスシグマ」をマスターしたのち、マイクロソフトの米国本社、アイルランド、シンガポール、ウクライナと渡り歩いて活躍してきた、マイクロソフトメキシコのマーケティングヘッドがよく、「ほとんどの仕事は5分で終わる」と語っていました。

彼とは、アジア全域のクラウドサービスの立ち上げで一緒に仕事をしたことがあります。

そのときの彼の仕事のスピードは神業でした。アジア、ヨーロッパ、アメリカ、南米の各エリアメンバー一同を、スカイプ会議に招集し、各地のあらゆる要件や考えを瞬時にエクセルにガンガンまとめ上げていきました。

そして1時間も経った頃、かなりの量の課題や改善策、そしてアクションが整理されていました。そのスピード感とリーダーシップに衝撃を受けながらも、優秀なリーダーと仕事をできることがうれしくて身震いしたことを覚えています。

5分で終わらない大変な仕事の場合は、時間内で終わらなくてもかまいません。**大変な仕事の場合は、「まずは始める」**のです。「始める」ことによってしか、「終わり」に到達できません。とにかく始める。動けば何かが生まれるのです。

彼には多くのアドバイスをもらいました。その中でも特に印象に残っているのが「5分の猛ダッシュ」と、「仕事をまずは5分間やり切る」です。

この二つを徹底するだけで、今まではダラダラと対応していた仕事も「5分間だけ集中する」と、スピーディに進められるようになりました。気が付くと、彼が話していたように、ほとんどの仕事は5分で終わっていました。

この手法は、仕事だけでなく、資格の勉強にも大いに役立ちます。私は朝、勉強をします。起きたらすぐにパソコンの電源を入れて、机に座り作業します。最初の5分、次の5分と作業の流れが決まるまで、短期集中で細かく進めます。こうするうちに、リズムを持って、効率的に作業を進められるようになります。その後、歯を磨き、水とコーヒーを飲んで体も気持ちもリフレッシュさせて、また継続して作業するのです。

私はせっかちなので、最近では「5分」の基準を「3分」にしています。

「仕事は3分で終わる」をモットーとして、まずは仕事に取り掛かります。3分じっくり真剣に考えると、作業も進み、次にどのような工程が必要かわかります。3分で終わらない仕事も、いったん3分で終わらせるのです。

「たかが3分、されど3分」。3分で仕事が十分はかどることを体感していただきたいです。

☑「タイミング」を逃すと、「機会」と「選択肢」を失う

時間の重要性は、何も作業時間に限ったことではありません。

若手の頃、顧客に最大限に貢献するために肝に銘じておくこととして教えられたのが、**「タイミングを逃すと、機会と選択肢を失う」**ということでした。

「問題解決のコアは何かを見極める」ことを常に求められました。

打つ手が遅れれば、それだけ成果が出るのも遅れます。時間が経つにつれて状況も変わり、そのうち、ベストな手もベストでなくなっていくのです。

また、当時考えられた代替案なども、競合に先を越され、必要なリソースが確保できなくなるなど、選択肢も減ります。

だからこそ、問題解決のコアと打つ手を見極めたなら、それがいくら大変でも、自らの時間や努力などのリソースを一気にそこに傾け、計画から実行まで、すべてをスピーディにすませなくてはなりません。

このために大切なことは、**「ためらわずに決断すること」**です。私が若い頃、困難な仕事に直面し悩んでいると「だらだらと考え続けないで、決断しろ」とよく言われました。ビジネスにおいて、考えることは大切です。しかしある程度考えたら、決断して行動に移すことがより大切なのです。

とはいえ、決断するのが苦手な人も多いと思います。私も、なかなか早い決断ができずに怒られてきました。しかし得意だろうと不得意だろうと、決断しなければなりません。遅かれ早かれ決断することになるのであれば、他人に急かされるのではなく、自分でさっさと決断してしまうのです。

また、新入社員の頃、「自分なりの仕事の答えを持つように」と教えられました。新入社員で、プロジェクトに配属されて数日しか経っていないとしても、自分なりの答えを考えるのです。

クライアントに質問された場合には、自分が担当する仕事以外の領域も答えられるようになる必要があります。常にプロジェクトや仕事の全体像を把握して、自分の役割や貢献について考えることで、自分なりの仕事の「答え」を持つことができます。

ビジネスにおいては、タイミングを逃すと機会と選択肢を失うことを肝に銘じて、仕事の好機となる旬なタイミングを見極め、やり切る必要があります。仕事のコアと打つ手を見極めたなら、早い段階で仕事をやり切り、最高のタイミングで最高の選択肢で高い成果を生み出す必要があるのです。

POINT

すべてをすばやくこなす

- すぐに終わるものは、その瞬間に終わらせる
- 時間は他の人にとっても人生の時間であり、「コスト」でもある
- 一日で集中する時間を増やし、トータルの仕事の効率化を図る
- 仕事の9割は3分で終わる。3分で終わらない仕事もいったん3分で終わらせる
- 自分なりの仕事の「答え」を持つように心がける

期限は守るためにある

仕事はまずは60点を目指す

アメリカに半年赴任したときのことです。アメリカのアクセンチュアのパートナーであったアメリカ人の言葉に、当時の私は衝撃を受けました。

「Bestではなく、Feasible（実現可能）であることが大切。60点を目指し、なるべく速く『たたき台』となるコアな業務を設計する。そして、これを磨き上げることで、結果、質とスピードが上がり、プロジェクトが成功する」

当時は深夜まで残業して、100点を目指した資料やシステムをつくることを信念としていたので、「海外のシステムは簡素すぎる。日本のシステムだけが素晴らしい」と思っていました。

しかしその後、海外で就職して、固定観念が大きくひっくり返りました。海外の簡素でしかないと思っていたシステムは、必要なものだけが実装されたシステムだったのです。しかもITや最新技術を最大限に活用した、生産性の高いニュービジネスを生み出していたのです。


「仕事はまずは60点を目指す」


以前の私は、「仕事は速く完璧にこなす」ことを目指していましたが、システム以外でも、「仕事はまずは60点を目指す」ことが、私の仕事の信条の一つとなりました。実際、仕事が速くて優秀な外国人たちは、100点満点の仕事を時間をかけて一つこなすというよりは、60点の仕事を速くいくつもこなすことをスタンスとしていました。

これは、仕事自体を60点で終わらせてもいいというのではありません。まずは60点の必要最低限をクリアするたたき台をつくり、上司やクライアントの意見を聞いてから修正して、80点の合格ラインを目指すのです。たたき台の基準は、業種によって80点となることもあります。

100点じゃないと絶対にダメだという人もいますが、そもそも正解のない仕事において、80点レベルと100点レベルの違いに、まわりの人はほとんど気付きません。
だからこそ、評価される80点を確実に早くクリアするために、まずは60点のたたき台をささっとつくるのです。

仕事には必ず期限をつける

仕事が速い人は、すべての仕事に「期限」を決めています。もし納期があいまいであっても、自分から期限を設けることです。

早めに終わらせるコツは、頼まれたその瞬間に、手帳やカレンダーアプリに締め切り日を書き込むことです。自分で決めなくても、上司や顧客から依頼された仕事は、期限が決まっています。しかし、それはあくまで、「最終のデッドライン」にすぎません。

単に全体の作業の期限を確認するだけでなく、「いつまでに資料を集める」「いつまでに数字をまとめる」など、作業を事前に細分化し、各々の工程の期限を設定して、全体の仕事が確実に期限通りにできるようにしておくことが大切です。

そのためには、ダラダラ進めず、可能な限り一気に仕上げるようにスケジュールを組みましょう。期間が長いと、そのことを考える時間も長くなり、他の仕事に影響が出ます。

仕事のトータルの工程が確認できて、次にやるべき仕事が明確になると、取り組みやすくなります。

メールアプリのカレンダー機能などに、工程ごとの作業を1日、1週間、1月のタスクとして割り振りします。守れない期限を設けてもムダですので、自分の能力と仕事量に見合った期限を設定することが必要です。

先述したように、私は「3分」「30分」を区切りとして、集中して、熱量高く仕事を進めます。30分ごとに作業タスクをスケジュールし、仕事を最大化するように集中力やモチベーションを高めています。

また**期限を意識して働くには、「測量」を習慣化することが大切**です。「今日は何分で作業が終わった」「昨日より多く仕事をこなすことができた」など、計測した結果を、過去の実績と比較します。

デロイトコンサルティングでの営業時代、私が1年2か月もの間、売上ゼロだったと先述しましたが、そのとき、会社内での自己防衛と自分でも成果を知ってモチベーションを維持することを目的に、仕事の「見える化」を行いました。

まずは、日々の仕事をゲーム感覚で数値化し、数字として進歩や変化が見えるように試みました。

①週・日々のアポ取り件数の見える化

何件コールしたか、何件アポが取れたかを数値化。

②訪問時の滞在時間の見える化

何分話ができたか、狙った提案ができたか、自分では何点か、次につながる話ができたかを数値化。

③情報収集・勉強した量の数値化

週単位、日単位で何冊の本を読んだか、どのニュースをどれだけ読んだか、他の提案資料などを参考にして、攻めの提案パックを作成したか、などを数値化。

日々の仕事やコミュニケーション活動を「見える化」したことで、先週よりも今週、先月よりも今月と、自分の頑張りが目に見えるようになり、折れそうになっていた心の支えになりました。成果が出ないときは、自分の頑張りや成果を「見える化」し、自分を認めるように努めます。

このように、「見える化」することは、日々の働き方や時間の管理に有効です。仕事では、目に見えるかたちで必ず期限をつけるようにしましょう。測量を習慣化していくことで、仕事の質とスピードを向上させることができます。

期限に間に合わないと「0点」、すべてを失う

突然、横やりの仕事が入り、自分が提出すべき仕事に手を付けることなく、期日を迎えてしまったということを、一度は経験したことがあるのではないかと思います。

こんな場合でも、「できませんでした」と報告することは許されません。コンサルタントの世界では、「期限を死んでも守る」ことが鉄則であり、期日を破ると「0点」となり、

致命的な失敗です。「0点」だけはなんとしても逃れなくてはならないので、何が何でも締め切りまでに提出することが大事です。

とはいえ、時間切れで間に合わなかったと思われる資料を提出することはできません。作業の途中感がわかる箇所については、突貫工事で修正し、最低レベルの提出物として仕上げるのです。

たとえば、用語や数字の未確認部分が多く残っていたり、必要なデータが確認できていなかったりする場合は、仮置きで仮説として立てたデータをとにかく記入して、要最終確認とコメントします。

また、空白や作業中となっている資料は、合格できる最低レベルまでとにかく体裁を整えるのです。

このように修正するだけで、なんとか認められるレベルになります。もちろん、失敗や突貫工事とならないように、期限を守ることは大前提です。

「期限に間に合わないと、0点と同じ」を肝に銘じ、なんとか穴をあけないように成果をつくり出します。

穴をあけないことで、なんとか信頼を保つことができます。信頼を保ち続けることで、仕事の評価も上がり、自分が求める仕事もできるようになります。

期限内で仕事が終わらなかったら、いったんやめる

仕事を圧縮する秘訣は、「終わりを決める」ことです。「どんなに仕事が残っていても、定時に帰宅する」「どんなに仕事が残っていても、週末は仕事をしない」と、先に終了時間を決めてしまうことです。

終わりを決めてしまうと、次は「限られた時間で、どのように仕事を終わらせられるか」を真剣に考えることになります。

仕事を効率化したほうがいいことは誰もがわかっています。しかし、「新たな方法で働き方を効率化する」よりも、「やり方を変えずに何時間か多く残業」したほうが楽なのです。

私は自分が残業すればクビ、チームメンバーに残業させればクビ、プロジェクトを失敗すればクビなど、時間制約に縛られて仕事をしていました。

強制的に「終わりが決まっている」状況だったので、無理やりでも、時間内に終わらせる方法を探ることになりました。終わりが決まっていなかったら、こうはならなかったは

ずです。

「とにかくやり抜く」と漠然と仕事するのではなく、「いつまでにこの仕事を終える」「あと何時間したら仕事を終えて帰宅する」と期限を決めて、絶対に時間通りに完了させられるような方法を考えます。

「期限内で仕事が終わらなかったら、いったんやめる」を徹底し、時間の制約をつくるのです。そうするうちに、なんとか時間内で及第点を達成する方法を考えられるようになっていきます。

このためには必要条件があります。

「急がば回れ」の姿勢で、まずは仕事の目的を徹底的に確認し、時間内に何をどのレベルでこなす必要があるかを見極めておくことです。そして、及第点としても最低限クリアすべきポイントを見定めるのです。

「期限内で仕事が終わらなかったら、いったんやめる」ということは、仕事を最短・最速で進める方法を事前に考え、いかに期限を守ってこなしていくかということです。こうすることで、期日内で仕事を終えるように意識し、トライアンドエラーを繰り返して、最終的に仕事のスピードアップが図れるのです。

時間のフレームワークを決める

日々の仕事を進めるなかで、作業の時間を決めて遵守することは、仕事の効率化には有効です。

私は、朝4時~5時に起き、仕事のスタートは、特別な場合を除き朝8時からです。

8時までは仕事以外の情報収集などに時間を使います。8時から8時半までがメールチェックの時間で、長くても9時までに終わらせます。

9時からは電話会議などを行い、チームメンバーやパートナー、顧客との打ち合わせに使います。

原則、ミーティングやアイデア出し、資料作成といった自分一人の作業はすべて午前中に終わらせます。そして、空き時間があれば、ミーティングなどの他人にかかわる作業も、可能な限り詰め込みます。

その際の時間の割り振りは、もちろん30分か1時間です。基本は30分単位で時間を調整し、午前中に重要な仕事の多くを終わらせます。

万が一、午前中に対応できない打ち合わせは、午後に30分か1時間確保して対応します。また打ち合わせは、こちらから先方の時間を確認して調整するのではなく、原則こちらの都合を伝え、私の都合に合わせて調整してもらいます。

遅くとも午後7時までには帰宅するようにしますが、可能な限り、家族で食事するためにも午後6時に帰宅するようにしています。

週末は家族との時間としているため、日本からシンガポールに出張に来られる方からよく会食のお誘いもありますが、迷わずに週末はお断りしています。

自分の行動をフレームワーク化することで、自分の時間を確保して、管理することが容易になります。仕事では予想外の突発的な用件も多いですが、自分の時間をコントロールできていれば、対応しやすくなります。

自分の時間をコントロールすることは難しく感じられるかもしれません。私も、はじめは全体の1割も自分の時間を持つことができませんでした。しかし、仕事の圧縮を進めていくうちに、自分の時間が徐々に確保できて自由度が増していったのです。

自分の時間のフレームワークを決めて、自分の意志で自由度高く働けるように時間を管理することが、仕事の効率化には必要となります。

POINT

期限は守るためにある

- 仕事はBestではなく、Feasible（実現可能）を目指す
- 仕事には期限をつける。可能な限り一気に仕上げるスケジュールを組む
- 期限を意識して働くには、「測量」を習慣化する
- 期限に間に合わないと「0点」。何が何でも締め切りに間に合わせる
- 決めた時間内で終わらなかった仕事は、いったんやめる
- 自分の時間のフレームワークを決め、自由度高く働けるように時間を管理する

メールに時間をとられない

メールに時間を奪われてはいけない

「作業時間が遅い」「段取りが悪い」など、明らかに自分の問題であることがはっきりしていれば、時間を圧縮することは不可能ではありません。

しかし、他者からの影響によるものは、なかなか回避できません。その最たる例が「メール」です。

最近の傾向として、仕事で受け取るメール量がどんどん増えているといわれています。CCで送られてくるあまり重要ではないメールも含めると、1日で受けるメールの量は膨大で、その処理に忙殺されて、自分の仕事ができないときもあります。

実は、マイクロソフトやデロイトコンサルティングといったグローバル企業では、あまりメールを多用しません。チャットや電話、打ち合わせで、スピーディに必要な取り決めをします。

メールは必要なツールですが、仕事の目的は成果を上げることです。そして、少しでも早く上げることです。すべてのメールをじっくり読み込んでいたら、思いがけず時間を浪費してしまいます。重要度の高いメールへの対応が遅れてしまうこともあります。

これを防ぐために私の場合、重要度が高くなっている仕事関係者からのメールは、自動的に色分けする設定にして、フォルダに振り分けています。

上司からのメールと、今関わっているプロジェクトメンバーからのメールは、赤色でハイライトして、すぐに目に留まるようにします。

メールアプリの表示も、カーソルを動かすだけで、誰からのどのような内容のメールか、パソコンの画面の下3分の1で簡単に確認できるように設定して、深く読み込む必要のあるメールかどうかがひと目でわかるようにしています。

ニュースレターも、フォルダに自動振り分けしているので、帰宅時や隙間時間に一気に確認できます。

ほんの一部を紹介しましたが、できるだけメールに時間を奪われないように、マイルールをつくっておくといいでしょう。

メールの9割は意思決定に30秒もかからない

1日の平均メール受信数は50件超が56・5％との調査結果があります（IT Leaders「1日の平均メール受信数は50件超が56・5％（読者アンケート）２０１２年12月26日配信」より）。１日１００通以上のメールが届くビジネスパーソンも珍しくないと思います。

多くのメールは、「報告」「相談」「お願い」の３つに分類されます。この中で**意思決定が必要なのは、「相談」や「お願い」のメールだけ**です。

「相談」や「お願い」のメールは、だいたい次の２つのパターンに当てはまります。

①「承認を求める」パターン

相手に許可をもらうためのメールです。いわゆる「〇〇してもよろしいでしょうか」というお伺いのメールであり、「ＹＥＳ」「ＮＯ」の返信を求めるものです。

②「依頼・要請する」パターン

助けを求めるメールです。「電話をください」「会える時間をつくってください」「○○について教えてください」などといったもので、助けてほしい目的がわかれば、これに応じた回答を簡潔に行えばよいものです。

なお、メールを送信する場合は、「報告」「相談」「お願い」といった言葉をメールの件名に使って、意図や求めるアクションを明確に伝えるようにすると相手もメールを処理しやすくなります。

たとえば、次のようなルールを共有し、お互いにメール内容がひと目で確認でき、また検索しやすいように工夫してみましょう。

①メールの件名には日時を、YYYY-MM-DD（例：2018-01-18）フォーマットで記載する。これによって、メールを日時でソート検索できるようになる。

②「報告」「相談」「お願い」「アクション」「ステータス」「議事メモ」など、他のメールにも共通して使用できる件名を使う。

③件名のフォーマットを共有する。
・【議事メモ】2018-01-18 会計システム構築プロジェクト
・【アクション】2018-01-20 顧客満足度調査

このようにルールを共有しておくと、お互いに大量のメールから必要なメールを見つけやすく、適切なアクションがとれるようになります。さらに、メールの9割を30秒もかけずに意思決定でき、仕事の生産性を上げることができるのです。

ところが、日本の商習慣、おもてなし精神でもあるのですが、日本でのビジネスメールは、時候の挨拶を入れるなど、毎日一緒に仕事をしている相手に対しても丁寧すぎる文章を書いているケースが多いです。

かくいう私も、かつては外国人に対しても丁寧なメールを書いていました。そんな私に、元戦略コンサルタントでハーバード大卒の元上司は、たまりかねてこんなアドバイスをしてくれました。

「メールをスクロールしないと読めないので、『Noted（理解した）』『Agreed（了解しました）』とひと言で返せばいい」と。

特に驚いたのは、偉い人からのメールでも、返信は不要ということでした。みんな忙しいので、普段話す機会があるときに挨拶して親しくしておけばよく、仕事のやり取りは必要最低限のコミュニケーションでかまわないと言われました。失礼にあたるのではないかと心配になりましたが、彼は、ビジネスマナーに誰よりも精通した、とても礼儀正しい謙虚な人だったのです。

私は日本も担当しているので日本式のメールも書いています。しかし社内やパートナー企業に関しては、ムダな前置き挨拶や言葉は減らして、リアルタイムに即レスしてほしいと事前にお願いするようにしています。最初は驚かれましたが、こちらのほうが時間がかからないと、喜ばれています。

仕事の9割は3分で終わります。すぐに判断できるものは、その場で処理してしまって、プロジェクト全体もスムーズに進むように協力することが必要です。判断を先送りしないで、その場その瞬間に仕事を処理し、案件を片付けることが大切なのです。

読んだら3分で回答し、自分の作業としてため込まない

メールの回答に3分以上かかる場合は、次のように改善する必要があります。

- 内容のムダな重複をなくす
- 最大30秒で読み切れるメールにスリム化する
- 文体を箇条書きにする
- 「ひと言でいえば○○」とメールの趣旨をまとめる

「メールを30秒で判断し、3分以内に回答する」ことが機能すれば、その場その場で判断し処理できるので、自分の作業としてため込まずに、仕事をスムーズに進行できます。

私は丸一日返信を返さないことはめったにありません。

意思決定を遅らせると、みんなの時間をムダにしてしまうからです。**読んだら3分で返信し、自分の作業としてため込まない**。こうすることで、**自分がボトルネックになることなく、全体の仕事を早めることができる**のです。

3分で回答できないメールの場合は、3分以内に「解決に向けた次のステップの設定」をします。

たとえば、各所に話を聞き、さらに上司に確認してから回答する必要があるメールの処理なら、3分で電話会議を設定し確認します。関係者全員を電話会議に集めて一気に話を聞いて、その場で決定するためのセッティングを「3分処理」の時間で行うのです。

他の人の確認が必要であっても、一部自分でできること、決められることもあるはずです。その瞬間はそれだけでも決めて、まずは返信することが大事です。

メール一件を3分で処理し続けることにも、時間制限を設けます。同じ作業を集中してできるのは、私の場合は30分です。

ですから私は、メール処理を30分間猛ダッシュで行ったら、他の仕事に戻り、また決まった時間でメール処理を30分行っています。メールはこの時間でしか見ないと割り切って、他の作業時にはそれに集中しています。

メールは読んだら、その場その瞬間に返信する。読んだら3分で回答し、自分の作業としてため込まない。この対応で他の人の仕事も自分のメール処理も、大幅に時間圧縮されるはずです。

メールや資料は1回しか読まない。読み終えたら破棄する

よく保留中の仕事のメールを受信フォルダに入れっぱなしにしている人がいるようです。あとで忘れないようにするためだと思いますが、未読のメールと同じ場所に残しておくと、同じメールを何度も読んでしまいます。私自身、一度読んだメールや添付資料を受信フォルダに残して、必要以上に何度も開いて読んでいました。

メールや資料を読んでいると、仕事をしている気分になります。けれども何度も同じ作業を繰り返すことは、当然ムダな時間です。メールの意思決定は30秒で終わり、処理も3分で完了します。資料も同じです。

資料もメールも必要な作業が終われば別フォルダに振り分けて、次に進まなくてはいけません。

特に、長文であったり、読みにくかったりするメールは、後回しにしたくなります。しかしそんな読みにくいメールも、キーメッセージは多くて５つ、必要な対応も最大３つです。３つぐらいの対応しかないと自分に言い聞かせて、頑張って読んでその場で対応します。

対応しさえすれば、作業は自分の手元から別のメンバーへ移り、待ち状態にできます。

このため、「メールや資料は1回しか読まない」と決めて、終わらせてしまうことです。「一期一会」との思いで、真剣にしっかりと読み込みます。一度読んだら、既読フォルダに移動させて、受信フォルダからさっぱりと撤去します。

メールは一度だけ読み、必要なアクションを即実行し、自分の仕事をどんどん終わらせましょう。

メールよりも直接話すほうが、相手にも時間のメリットがある

メールは時に返事に時間がかかります。また込み入った内容のお願いなどは、メールを書くのにも時間がかかるうえ、メールだけでは誤解を生むときさえあります。何でもメールでやり取りしないで、場合によっては電話でさっさと確認しましょう。

私は電話の前にチャットで「今から電話会議が可能ですか」と連絡を入れてから、電話しています。

たとえば、手前味噌ですが、マイクロソフトのアウトルックの機能を使えば、メールの宛先の関係者全員と簡単にチャットを始めることができます。この際、メールの件名がチャットのタイトルとなり、まだメールを読んでいない人にも、どんな内容でチャットが始まったかがわかるようになっています。不在であっても次回オンラインになったときに、残ったログを見ることができます。

チャットの魅力は、みんなが別の仕事をしていても、共通の事柄を同時に確認し合える

ことです。メンバーの都合が合えば、同時に電話会議も使い、データを共有して画面で確認しながら、一緒に資料をつくることもできます。

最近はサポート業務を日本国内ではなく海外の外国人スタッフに委託している会社も多いですが、このような業務の外国人たちは、サポートリクエストについてメールで対応するのではなく、チャットでのやり取りになると思います。サポートスタッフは少しでも早く問題を解決するように教育を受けており、リアルタイムで問題を解決できるチャットが好まれているからです。

このようなサポートに戸惑う声もありますが、ビジネスではスピードが大切です。自分の都合だけではなく、**仕事全体のスムーズな進行のために、リアルタイムに解決し進めていくことが必要**なのです。

だからこそ、いつもメールだけに頼らず、時にはチャットや電話も併用してみてください。

POINT

メールに時間をとられない

- メールを30秒で判断し、3分で回答し、自分の作業としてため込まない
- メールは読んだらその場その瞬間に返信する
- メールや資料は1回しか読まない。読み終えたら破棄する
- メールを何度もチェックしない。決まった時間に確認する
- 場合によってはメールよりも直接話す。チャットや電話も併用する

第3章

最終ゴールを常に意識して、型をつくる

確認すれば失敗を生まない

すべての作業はやり直しをする前提で動く

量をこなして仕事を効率化し、スピードを上げたとしても、すごろくの「振り出しに戻る（やり直し）」がビジネス上でも頻繁に起きます。

仕事がやり直しになるほどムダなことはありませんが、どんなに防止策を練ったところで、やり直しはついて回ります。

マイクロソフトシンガポールに転職したばかりの頃、アイルランドから出張してきた大ボスの前でプレゼンする機会がありました。

日本にいる頃からずっと外国人と仕事をしていたので、「いいところを見せるチャンス！」と密かにほくそ笑んだものです。

日本でコンサルタントとして培った提案力、細やかなグラフと色鮮やかな絵にあふれた美しい資料とともに意気揚々とプレゼンに挑んだわけですが、予想外の声が私の耳に入ってきたのです。

「なんじゃこりゃ⁉　矢印や線が入り組んでいて、何を表現しているのかわからない」

箇条書きで、メッセージもシンプルな資料が好まれる文化のなかで、私は完全にオーバースペックの資料を勝手につくって恥をかいたのです。

やり直しほど生産性の低い仕事はありません。大きなムダになることはわかっているのに、「やり直し」になってしまうのはなぜでしょうか。これには次のような原因が考えられます。

- 完成イメージを正しく理解していなかった
- 完成イメージを共有し合意していなかった
- 完成イメージを節目節目で確認しなかった

・勝手な思い込みで仕事を進めてしまった

しかし一番の問題は、仕事を上司やクライアントへのサービスと考えて、「相手が求める通りの仕事」を提供できなかったことなのです。

ベテランになればなるほど、確認しなくなりがちですが、仕事の失敗は慣れた頃の思い込みで生じることも多々あります。少なくとも1回でも確認しておくことで、大きな修正を免れることができるかもしれません。作業のやり直しこそが、一番のムダ作業です。定期的に連絡をとり、相手が求める仕事を進められているか確認することが、ムダな作業から私たちの身を守るのです。

ですから、**「やり直しをする前提で動く」**という気持ちに切り替えることです。

つまり、やり直しに備えて、早い段階で検討案を作成し、これを残りの期間で修正して完成度を高めます。また、この改善に向けたレビューを短いサイクルで可能な限り頻繁に行い、求める成果を生み出すようにするのです。

新しい仕事を始めるとき、過去の経験に基づく一つの案だけに対応するのではなく、やり直しありきで、最初からいくつかのオプションを試してみることが大切です。

複数のオプションを実行した結果、費用対効果の良いものや成果が大きい優れた方法を見つけ出せれば、そこだけに的を絞って対応することができます。

- **「やり直し前提」に、最初からいくつかのオプションを試してみる**
- **「考えながら仕事を進める」アプローチをする**

この2つは、デロイトコンサルティングで元CFOサービスリーダーから学んだことです。

こうすることで、わざわざ時間をかけて、膨大な過去の事例を探し、それらについて議論する必要もなくなります。最速で複数のオプションの実効性も確認でき、仕事のスピードと質を高めることにつながるのです。

仕事の依頼を受けたら、その場で完成イメージを確認する

前項で「やり直しをする前提で動く」とお伝えしましたが、自分では完璧につくったと思っていても、それが相手の思うところと違えば、当然そうなるわけです。

やり直しを前提で考えると、できるだけ最小限のやり直しに収めたいと考える脳になります。

そこで、**仕事は依頼を受けたその場で完成イメージ（成果物）を確認することが大切**です。

会議の資料作成を頼まれたら、詳細を最初に決めてから取り掛かります。はじめに「目的」を確認することは当然ですが、「確認したつもり」で伝え切れていないことが多いのです。

特に、「自分が納得できる仕事をしたい」という完璧主義タイプや自信家タイプの方は、求められているものではなく、自分が正しいと思うものをオーバースペックでつくってしまう傾向があります。

また、完成イメージを言葉ですべて伝えていても、自分の考えが100％伝わることは

絶対にありません。

ＭＢＡの異文化コミュニケーションの授業で、「自分の考えが伝わる確率は60％である」と学んだことがあります。どんなに気の知れた間柄でも、勘違いしたり、聞き漏らしたり、同じ言葉でも違う意味で伝わったりすることがあります。

つまり、言葉は常に正確に伝わっていないことを前提にしなければなりません。資料づくりでも他の仕事でも思い込みの理解度のまま進めると、必ずダメ出しをされます。仕事を受けた時点で、具体的な仕事の全体像が正しく共有できるまで確認するのです。

そのために私は、４つの質問の型を使います。

［目的］何のためにつくるのか？
［対象］誰に向けてつくるのか？
［体裁］どのようにつくるのか？
［期限］いつまでにつくるのか？

質問すれば、より詳しい情報が得られて、自分が目指すべき完成イメージが明確になります。質問が多いほど、相手の求めるものに近づくので、いくらでも遠慮なく質問することが大切です。

質問するとき、私は「What is the end goal of ～?（何が～の目的なのか）」と聞くようにしています。

「そもそも、何のためにこの仕事は必要なのか」を突き詰めて、仕事の目的を確認しています。

依頼を受けた瞬間から、遅くとも翌日までに、先出しで完成イメージの食い違いが起きないようにすり合わせます。

「人の考えは60％しか伝わらない」ということを心にとめて、一気に仕事に取り掛かる前に、まずは仕事の目的をしっかり確認するように努めましょう。

明確な指示がなければ、確認する

マイクロソフトでは、「Customer Obsessed」を好んでよく取り上げています。訳すと「顧客へのこだわり」「顧客満足へのこだわり」といった意味合いになりますが、なぜ企業が顧客満足にこだわるかというと、スタンフォード大学キャロル・ドゥエック博士の「マインドセット理論」に由来します。

ドゥエック博士は、大人と子どもの両方を対象とした20年に及ぶ研究の結果、「人格や知性は本人が生まれ持ったものではなく、成長させることができると信じることが、大人にも子どもにも著しい変化をもたらす」という理論を発見しました。

逆にいうと、「偉大な業績に満足したり、固定観念に縛られたりすることで、成長や夢を追うことをやめてしまう。それは、個人や企業が一瞬でも完璧であると思ったときに起こりうる」という意味になります。

仕事とは、上司やクライアントへのサービスです。顧客視点を意識したサービスを提供することが必要です。「Customer Obsessed（顧客満足へのこだわり）」を持って、相手が求めているものを提供できるように最善を尽くすのです。

「資料作成よろしく」のひと言だけで仕事を依頼する人も多くいます。相手に求める要件をしっかり示してもらえるといいのですが、この手の人は、自分の言葉が足りないことが相手を困らせていることにまったく気付いていません。

自分が苦労しないためには、上司やクライアントからできるだけ要望を具体的に引き出す必要があります。そのために、前項で紹介した4つの質問で、まずは仕事の目的をしっかり確認します。必ず相手の意図を確認しましょう。

質問しても明確な指示を得られなければ、相手の期待値に最低限応えるための基準をこちらから示すのです。

言葉だけで確認するのではなく、パワーポイントや過去の資料を活用し、必ず完成イメージのすり合わせをします。

そうでもしないと、相手の都合で「やり直し」をするハメになるので、仕事の「目的」、そして「完成イメージ」を具体的にすり合わせして見極めていきましょう。

求められる期待値が理解できるまで、繰り返し質問し確認する

完成イメージの確認が大切だとはいえ、完成イメージが具体的に固まるほど、しつこく聞き出すことが難しい場合もあるでしょう。

そんな場合は、**「相手に確認し選択させる」**ことで完成イメージを固めます。

「こういう意図でよろしいでしょうか」「このような3案を用意しましたが、どの案で進めましょうか」と、選択式で確認してもらうかたちで詰めていくのです。

完成イメージがつかない段階で、具体的なつくり込みの作業に取り掛かってはいけません。悲惨な修正ループ地獄が待ち受けているからです。

日本では、「あうんの呼吸」と、聞き手がすべてを理解すべきとの考えがあり、質問することを躊躇する人も多いのではないでしょうか。しかし、多様な国籍・宗教・言語が共存するシンガポールでは、価値観の定義も異なることが多いこともあり、「聞き手がわか

らないのは、話し手が伝える義務を果たしていない」と考えられています。このため、「話の内容が理解できないのは話し手のほうが悪い」ということなので、聞き手は躊躇することなく何度も質問できます。

私も、昔は質問を何度もすることを恥じていました。しかし、私が**わからないのは聞き手の責任というよりも、話し手の責任である**と理解してから、質問することを躊躇しなくなりました。

また日本人同士の打ち合わせでも、気兼ねなく質問できるようになり、まわりの日本人から「実は私もわからなかったので、質問してもらって助かりました」などと言われて、質問することでまわりの人の助けにもなることを実感しました。

「聞くは一時の恥、聞かぬは一生の恥」を意識して、自分だけでなくまわりも助けると、自信を持って質問してみてください。

「報・連・相」は、「相談」→「連絡」→「報告」で進める

前項で「聞き手がわからないのは、話し手が伝える義務を果たしていない」と述べたように、「報・連・相」はミスをなくし、スピーディに仕事を進めるうえでも、非常に重要です。私自身、上司から求められていないのに、完成イメージがずれていないか、マメに確認するようにしています。


しかし、「報告」「連絡」「相談」をただ実行すればいいわけではないのです。

「報告」というのは、結果が出た後に行います。「連絡」は情報と課題を共有するためです。

「相談」は今後の進め方を確認するものです。

つまり、報告と連絡は過去に起きたことです。一方で、相談は未来のことです。

相談こそ、時間をかけて議論すべきです。


たとえば、新しい仕事を始める場合、「期限が厳しいので、どのような点に気を付けれ

ばいいですか」「このように進めたいと考えていますが、いかがですか」と、今からどのような方法で進めるべきかを「相談」します。

その後、仕事の進め方が相談した内容と合っているかをたびたび「確認」して、認識のズレや検討モレをなくし、要望通りに仕事を進めます。

そして、作業の進捗具合や完了を「報告」するのです。


「相談」のタイミングを意識していないと、ある程度作業が進んでから「相談」することになるので、ほぼ確実にここで手戻りが生まれます。場合によっては、期日までに間に合わなくなったり、変更がきかなかったり、質の低い仕事となってしまいます。

時間をかけるべき順は、「相談」→「連絡」→「報告」となるのです。**高い成果につながる仕事をするためには、未来の作業に注力することが大切**なのです。


「報・連・相」の他に心がけていることは、「3C」です。

完成イメージをちゃんと共有して作業すれば、やり直しが減るのは確実です。しかしこんな簡単なことが、定着していないのが現実です。

それは、「完成イメージ」を具体的に確認する習慣が上司と部下双方にないことに起因しています。

さらに、「言わなくても当然わかるだろう」と思っていたり、昔ながらの「一を聞いて十を知る」ことを期待していたりすることにも原因があります。

とにかくやり直しのループ地獄は、仕事圧縮のうえで絶対に避けたいところです。その予防策として、こちらから、「3C」の型をしこみます。

「3C」は私がつくった型ですが、上司に完成イメージを確認させて、一緒につくり出して、定期的に確認するコミュニケーションを取ることができます。つまり、未来の作業をより高い成果に導く手法です。

- 「Confirm」：仕事の目的と完成イメージを確認する
- 「Co-create」：完成イメージを一緒につくり出す
- 「Check」：一緒につくり出したものがイメージ通りかを確認する

仕事では、自分がつくりたいことを実現するのではなく、上司やクライアントが何を求めていて、相手が求めるものを実現しているかを「なるべく早く」「定期的に」確認していくことが重要です。

「完成イメージ」はいつもはっきりしているわけではありません。薄ぼんやりした完成イメージで、スタートしなければならないことも多いものです。そんなときは「3C」の型を活かして、完成イメージの確認と共有を常に心がけて、仕事のムダな作業を防ぎましょう。

仕事を依頼されたとき、すぐに「3C」の型にはめます。

仕事は依頼を受けた時点で、その場で仕事の目的と完成イメージを確認することを先ほど紹介しました。しかし「3C」は、これをさらに発展させた型です。相手が求める仕事を一緒につくりあげる手法です。

まずは、「Confirm」として、仕事の目的、そして完成イメージを確認します。

次に、「Co-create」です。完成イメージを依頼者と一緒につくり出すのです。依頼者の目の前で要件を確認し、依頼者のイメージを具体化させます。こうすることで、依頼者に完成イメージを一緒に作成している気にさせるのです。

また、完成イメージをドラフト作成するときは、資料の構成、レイアウトなど過去の資料を基にその場で修正して、可能な限り詳細に具体的にイメージをつくり上げます。もし時間がない場合は、「今晩作成しますので、明日時間があるときにイメージを再確認させてください」などと伝え、早いタイミングでイメージを再確認して完成イメージを一緒に作成していくのです。

そして、このイメージ通りに仕事ができた際に、「Check」として一緒につくり出したものが本当にイメージ通りかを確認します。


また仕事によっては、一日二日ですべてを完成することが難しいものもあります。このような場合は、作業しやすいレベルに仕事を細分化します。作業を細分化させたときも、作業ごとに「Check」して確認します。この確認を繰り返すのです。

作業の流れ・完成イメージを一緒に確認することで、依頼者が望む通りの成果物がつくれるのです。万が一、作業にずれが生まれても、都度確認するので、容易に軌道修正ができます。「3C」の型を最速で回すことで、さらに仕事をスピードアップすることができるのです。

「報・連・相」だけでなく、「3C」の型を積極的に活用することで、依頼者の望む仕事を最速でこなしていくのです。

POINT

確認すれば失敗を生まない

- やり直しは必ずあるものとして、予定を組む
- 仕事は上司やクライアントへのサービス。相手が求める仕事を提供する
- 人の考えは60%しか伝わらないから、仕事の目的をしっかり確認する
- 明確な指示がないときは、自ら仕事の目的、完成イメージを確認する
- わからないのは話し手が悪い。躊躇せずに理解できるまで繰り返し質問する
- 「3C」の型を活かして、相手が求める仕事を一緒につくり上げる

すべての作業は「0《ゼロ》」から始めない

まったく新しい作業などない。すべての作業には共通点が多い

序章でも触れましたが、「0」から「1」を生み出すことは困難です。困難であるからこそ、ゼロベースで始める仕事はめったにありません。自分や会社にとって新しい試みだったとしても、ある程度はすでにある「型」にはまるものなのです。

海外では、転職や解雇が多く人材の流動が激しいため、組織は誰がやってもある程度同じ仕事がこなせるように、型づくりに力を入れています。

マイクロソフトは頻繁に業務改善を行う会社です。業務の標準化・効率化により、私が昔所属した部署もすでにアメリカ、インド、フィリピン、中国などに移管されて、シンガポールにはもうありません。

こうした現場に身を置いて強く実感したのは、**「ほとんどの仕事は特殊な作業などでは**

なく、すべての作業には共通点が多い」ということです。

特定の人でなければできない仕事など、ほとんどないのです。逆にいえば、たいがいの仕事は、**「ゼロから始めなくても、前例が存在する」**のです。

よって、さまざまな分野で業務の標準化が可能といえます。

現在、アウトソーシングやクラウドソーシングが一般化したように、「ほとんどの仕事において、まったく新しい特殊な作業はなく、すべての作業には共通点が多いこと」を理解しなくてはいけません。

すべての作業に共通点が多いため、この共通点を標準化し、型として活用することで効率化できるのです。

資料作成は参考資料をカスタマイズする

私は今まで、さまざまな国籍・年齢の人たちと働いてきました。特に若手を見て、気が付いたのは、自己流を貫くメンバーは成長が遅く、貪欲に他人の仕事を盗むメンバーは成長が速いということです。

学生時代は、他人の解答をカンニングする行為はいけないことでした。しかし、ビジネススキルを学ぶうえでは、人のものを「見て真似る」ことは推奨すべき行為なのです。

人の資料でいいと思うものは、すぐに盗むのです。いい資料を見ているだけでは自分のものになりません。その資料を参考に、自分流の資料を作成して習得していくのです。

「初めての問題など存在しない」

デロイトコンサルティング東南アジアの戦略グループヘッドがこう語っていました。

すべての仕事には共通点があるからこそ、新しい仕事や作業を行うときも、過去の事例や資料を参考にして、新しい仕事に活かせないかを考えます。何でもゼロから自分で考えると時間がかかりますし、自分のアイデアだけでは成果につながる仕事ができるとは限りません。うまく取り入れ、短時間で仕事を効率的に進めていくのです。

たとえば、議事録ではその構成と書くべき項目を決めて、「定型」となる議事録の型を作成します。営業提案資料も同じです。複数の資料から共通となる構成やその項目を取り上げて、定型の型を作成するのです。

いい資料を参考にして自分なりに新しい資料をつくっていくうちに、自分が作成できる資料のバリエーションも増えていきます。また、いくら真似るといっても自分なりのアレンジをするため、資料の「構造」を理解して、それらを応用する必要が出てきます。

「真似」→「分析」→「応用」を何度も繰り返すうちに、資料作成が速くなり、この質が高まるのです。自然にスキルアップができ、**最初は「真似」だったものが、「実力」に変わります。**

この項目では、資料をベースに話してきましたが、多くの仕事は、内容は異なるものの、構成や必要な項目は同じです。自分流のパターンを把握して、これを型として活用できると、仕事は大幅に速くなります。

思考の質とスピードをビジネスツールを活用して上げる

資料や企画書のように、フォーマット化されているものは、自分流の型をつくるのは難しくありません。しかし、「考える」作業においては、同様にいかないので、工夫が必要です。

アクセンチュア時代、ＩＴコンサルタントからビジネスコンサルタントにキャリアチェンジする際に私はとても苦労しました。

自分では一生懸命考えたつもりなのに、「もっとよく考えろ！」と、上司たちにいつも怒られていました。そして私は、そもそも「よく考える」とはどういうことかについて考えてみました。ただ、真似るだけでは、考えることにはなりません。自分流にアレンジするにしても、「思考の質」を上げる必要性を感じたのです。

最終的にたどりついたのが、思考の質は、「幅」「深さ」「斬新さ」で決まるということでした。

まず第一に、**考える「幅」**です。

何を考えるかという対象や検討範囲です。考えの幅にモレがあると、仕事のやり直しにつながります。だからこそ、考えるときは最初に、考えのバリエーションを増やす幅を確保することが大切なのです。

第二に、**どれくらい突き詰めて考えたかという「深さ」**です。

思考の深め方を知らないと、浅はかな考えになります。考えが浅いと、後で簡単にボロが出て、自分自身で考えた成果やメリットがどんなに素晴らしくても、その良さが伝わらずに終わってしまいます。

そして最後に、第三の**「斬新さ」**です。

思考のバリエーションの幅を広げて、思考を十分に深めても、「いまいち」「ありきたり」とダメ出しをされる場合があります。そんなときは、「斬新さ」が足りていないのです。ある程度の考えに至っていても、相手に「決め手」を感じさせないと、最後の決断を後押しできません。

このように思考では、「幅」と「深さ」と「斬新さ」という本来時間がかかる3つの要素を押さえる必要があるのです。

つまり、この3つを早く考えられる、「型」を知っているかどうかで、思考の質とスピードが変わります。

この思考の質を高める「型」が、フレームワーク、仮説思考、ロジカルシンキング、ラテラルシンキング（水平思考）などのビジネスツールです。

思考のスピードが速い人は絶対にゼロからは考えていません。これらのビジネスツールを活用し、いい意味で「ズル」しています。

ビジネスツールを活用し、思考の質を上げ、仕事のスピードアップを図ることが大切です。

POINT

すべての作業は「0《ゼロ》」から始めない

- すべての作業にはまったく新しい特殊な作業などない。共通点を探す
- 仕事は「0」から始めず、必ず前例や類似ケースを活かす
- 資料づくりは、自分流の「定型」をどんどんつくる
- 思考の「幅」「深さ」「斬新さ」を三本柱にアイデアを磨く
- ビジネスツールを活用し、思考の質を上げ、仕事のスピードアップを図る

「思考の型」に当てて、情報整理を加速させる

仕事を整理して理解する

では、ここからは、私が目的別に使っている、思考の質を高める「型」を紹介していきます。

コンサルティングでは、いくつものビジネスツールを活用し、数多くの共通するビジネス状況の概要をすばやく把握します。

仕事を進めていくなかで、検討すべき材料が増えて、何が問題で、どこを解決すべきなのかがわからなくなり、混乱してしまうことがあります。このようなとき、必要な「型」を選ぶことで、いい意味で「ズル」して、情報の整理をするのです。

情報が整理できるだけでなく、自分の考えが明確になり、ワークフロー（仕事の流れ、作業の順序）を組み立てやすくなります。

私は仕事を整理して理解するのに、代表的な「思考の型」をよく使っています。

仕事の全体像を把握する

検討すべき材料が増えて、何が問題で、どこを解決すべきなのかがわからなくなったときは、まず最初に仕事の全体像となる「地図」を把握します。

この際役立つのが、マッキンゼーが提唱した「MECE《ミーシー》」という思考の型です。MECEとは、「Mutually Exclusive（ダブリなく）and Collectively Exhaustive（モレなく）」の略です。要は、「ダブリなく、モレなく」仕事を見極める思考の型のことです。

MECEは概念的にはシンプルですが、活用することによって、正しく仕事の全体像を捉えることができる、大変役立つ思考の型です。

何らかの課題を解決しようとする際、そこにはさまざまな要素が複雑に絡み合っていて、そのままでは取り扱うことが難しいものです。そこで、よりシンプルなかたちに物事を整

MECEの概念図

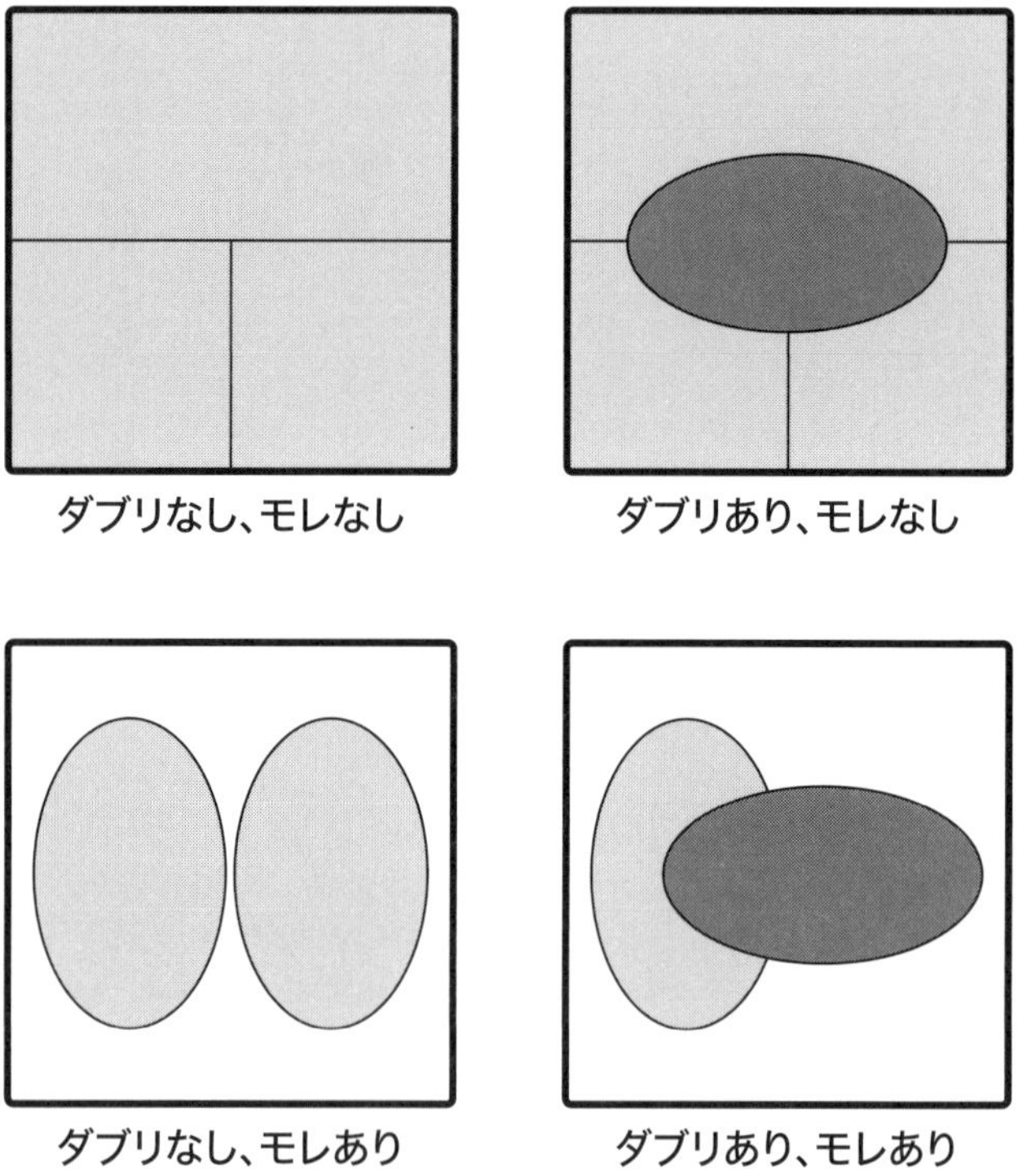

理し、小さな要素に細分化していきます。これによって、一つひとつの要素に思考を集中して、解決策を検討したり、実行したりすることが可能になります。

しかし、このとき、要素が重複したり、抜けてしまったりすることが往々にして起こります。モレがあると、目指すべきゴールを定義できず、重要な要素を検討しないことになりますし、ダブリがあれば、何度も同じことを検討することになるため、効率も悪く、思考を集中させにくくなってしまいます。

たとえば、ある商品の販売強化を課題とし、ターゲットごとに効果的な販促方法を決めることをゴールとします。ＭＥＣＥを認識せずにターゲットを議論すると、「独身市場」「ファミリー市場」「シニア市場」などと思いつくままになり、まとまらなくなってしまいます。ＭＥＣＥを理解していないと、自分たちの議論にモレやダブリがあることに気付かない、つまり全体像を正しくつかめないのです。

慣れるまで難しいかもしれませんが、ＭＥＣＥで考える習慣を持つことが大切です。最初はあまり神経質にならずにＭＥＣＥであることを意識し、ダブリよりモレがないように意識しましょう。

「ダブる」ことでムダな作業は増えますが、重要な項目、視点のモレは、大幅な手戻りが発生する可能性があり、ダブリが生まれるよりも致命的だからです。このため仕事では特に「モレがないこと」を意識して、仕事の地図を見極める必要があります。

もちろん、世の中に流通しているフレームワークを使うことも有効です。「事業戦略の3C」や「マーケティングの4P」のベースが「MECE」でもあるので、まずは「MECE」を活用できればいいでしょう。

「事業戦略の3C」は、事業戦略を考える際に広く使われるひな型です。市場を3つのCなるプレイヤー、Customer（顧客）、Competitor（競合）、Company（自社）から分析することで、モレなくダブリなく正しく分析できます。

また「マーケティングの4P」は、4つのPとなる、Product（製品）、Price（価格）、Place（流通）、Promotion（プロモーション）で考えることで正しくマーケティング戦略を分析できるとして広く使われています。

解決策や問題の原因を探る

解決策や問題の原因を探るためには、「ロジックツリー」を使います。第1章の「やるべきことの全体像がイメージできる」で触れたのが、まさにロジックツリーに当たります。

ロジックツリーは、枝分かれする木（ツリー）のように問題を分解していくことで、見えにくかった問題の原因や解決策を探る手法です。ロジックツリーを作成することで、問題の全体像を把握することができ、問題の原因や解決策をより多くの視点から見極められます。

さらに図解で整理しながら、解決策や問題の原因を、まわりの人にも全体像を俯瞰して共有することができます。モレなくダブリなく、そしてより多くの視点に基づき議論ができるようになるのです。

またロジック（論理）に沿って、ツリーを完成させていくので、議論ズレや見落としの発見もできます。何より解決策や問題の原因を探るのに有効です。

ロジックツリーには、大きく分けて次の2種類があります。

①Howツリー（問題解決ロジックツリー）

目標を達成するために、必要な作業を具体化して整理するために使います。「どのように？」を繰り返して、具体的な解決策を導き出すためのロジックツリーです。

たとえば、「会社の利益を増やせ」と漠然と言われたとします。このとき、「利益を増やす」にはどのようにすればいいかを深く掘り下げると、「売上を増やす」方法と「費用を減らす」方法があることがわかります。

「利益を増やす」ための要素を考えて、これを細かく深掘りして、目的を達成するために必要な作業を整理することができます。

ロジックツリーで仕事の要素を分解する際にも、MECEの型に当てはめて、「モレなく、ダブリなく」仕事の中身を掘り下げることがポイントです。特に「モレがない」ことを、私は常に意識しています。

もう一つのポイントは、「具体的な数字や施策を書く」ことです。「売上を増やす」「費用を減らす」だけでは、売上をどの程度増やし、費用をどれだけ減らすべきなのかがわかりません。しかし具体的な数字や施策などを使えば、すぐに行動に移すことができるのです。

「利益を増やす」Howツリー
（問題解決ロジックツリー）

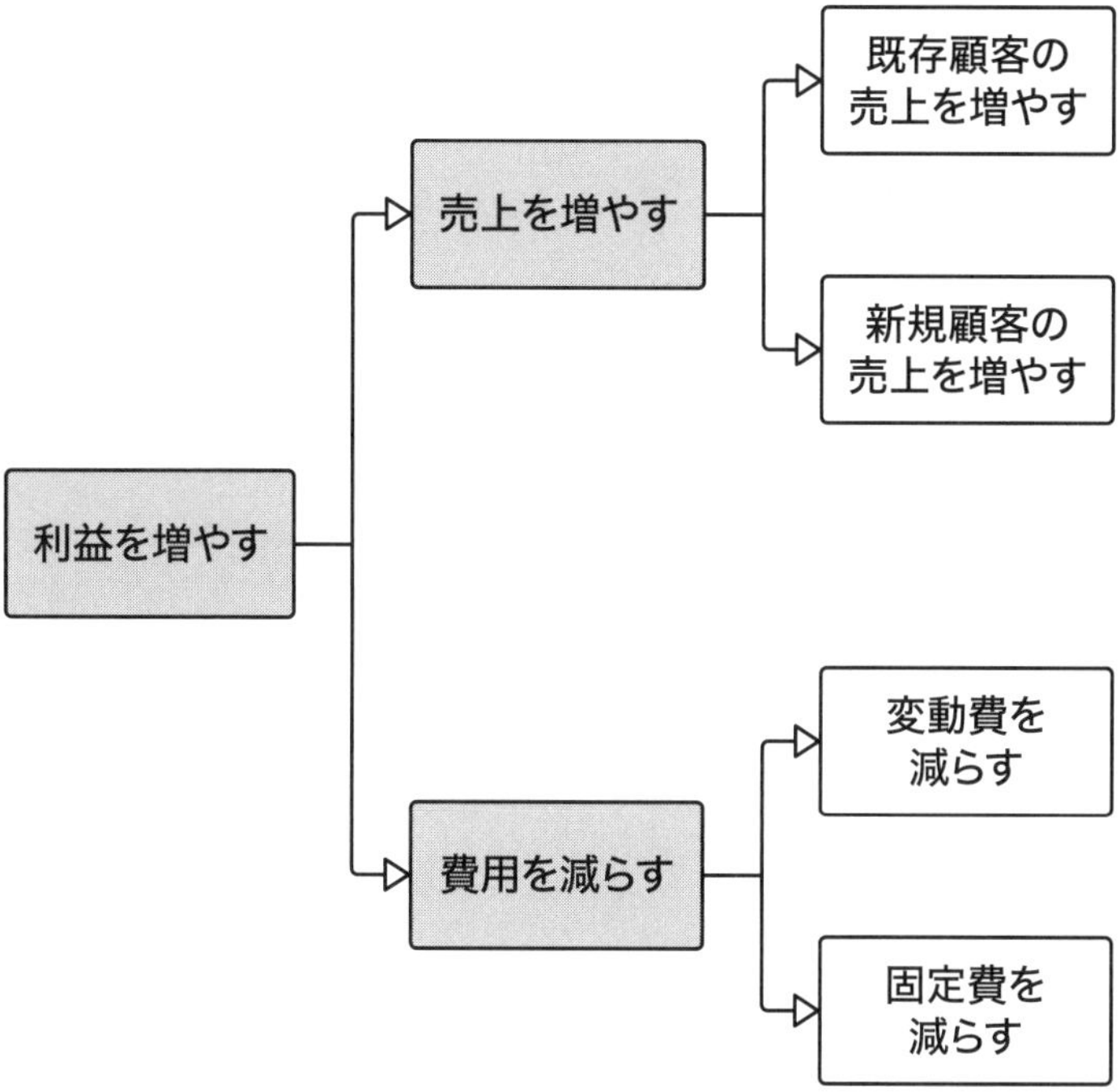

②Ｗｈｙツリー（原因究明ロジックツリー）

問題の全体像を把握し、原因や要因を整理するために使うのが、原因究明ロジックツリーです。あるテーマに対して、できるだけ具体的に「なぜ？」を繰り返して、具体的原因を究明します。

問題の原因は必ずしも一つだとは限りません。そこでＷｈｙツリーを作成し、問題の原因となる要素を網羅的に洗い出します。特に、「影響が強く、本質的な原因」を突き詰めていきます。

たとえば、部下のモチベーションが低いという問題を抱えていて、どのように「チームビルディング」を行なっていくのか、具体策を考える際には、「なぜ部下のモチベーションが上がらないか」を考えると、問題の全体像を把握し、原因や要因を把握することができます。

Ｗｈｙツリーを作成する際、真の原因が見えていない状態で原因を書き出すので、ツリーを作成しづらいかもしれません。このような場合は、とにかく思いつく要因をすべて書き出してから、整理していく方法を取ってもいいかもしれません。

「部下のモチベーションが上がらない」Whyツリー（原因究明ロジックツリー）

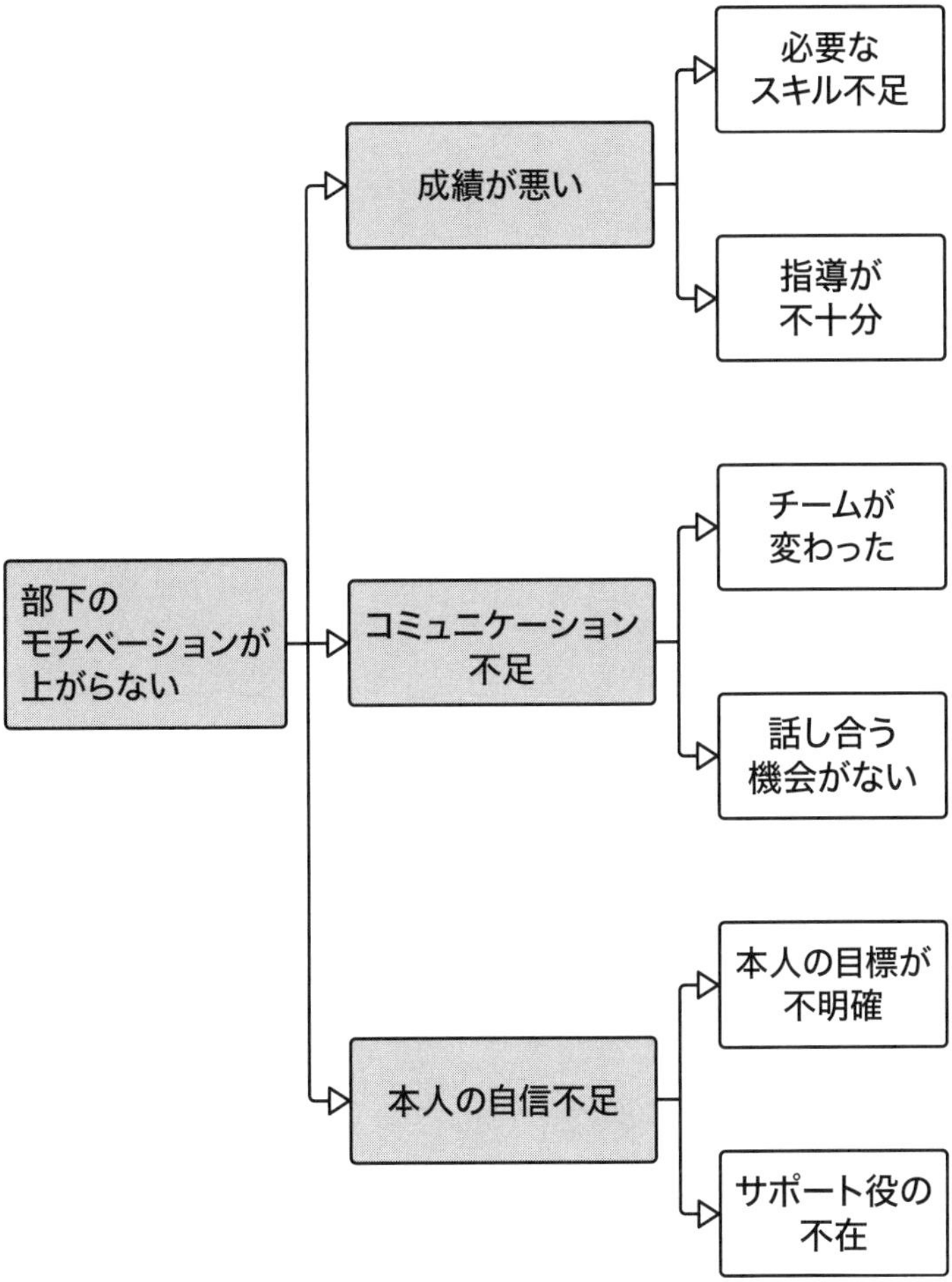

作業の流れを整理する

ロジックツリーで仕事を細分化したら、これらの作業の流れを整理することが必要となります。

このとき役立つのが、「ＩＰＯ」(Input, Process, Output) という思考の型です。

すべての作業には、「インプット」(作業に必要なもの) と「アウトプット」(成果物) があることを理解して、細分化した仕事(プロセス)をこなすためのインプットとアウトプットを考慮して、仕事の作業順序を考えます。

- インプット(I)：プロセスを開始するために前提となる完了済みプロセスや作成済み成果物
- プロセス(P)：インプットから、欲しいアウトプットを得るために必要な作業
- アウトプット(O)：プロセスが終了した時点における対象の状況、もしくは作成される成果物

IPOの概念図

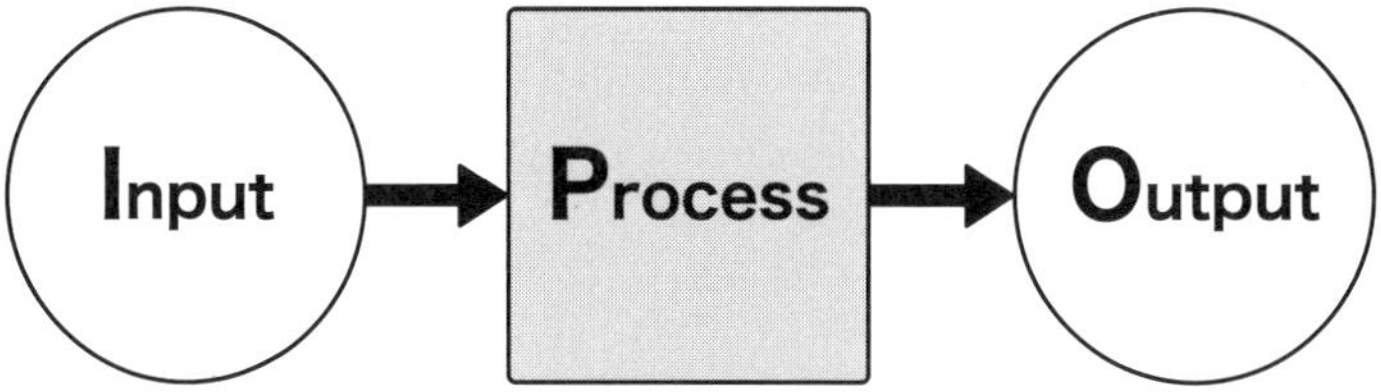

プロセスを開始するために前提となる完了済みプロセスや作成済み成果物

インプットから、欲しいアウトプットを得るために必要な作業

プロセスが終了した時点における対象の状況、もしくは作成される成果物

この際「プロセス」にて、「誰が」「いつまでに」作業するかを確認します。複数人で担当することにすると、「誰かがやってくれるものと思っていた」という状況になりがちで、作業が遅延する原因になります。

このため、必ず特定の誰かが担当者として責任を持って作業するように決めることが大切です。そして、この担当者にしっかり対応してもらうように仕事を依頼するのです。この依頼の仕方は第4章で詳しく説明します。

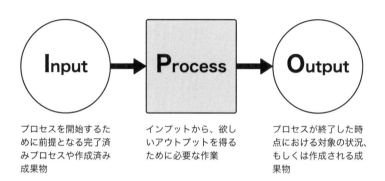

仮説から問題解決や意思決定につなげる

問題解決や意思決定には、現時点で手に入る情報から将来を予測して、仮説を立てます。仮説といっても難しく考える必要はありません。要は、手持ちの情報を活用して、まだ事実としてつかんでいないことについて、「こうではないかな」と想像することです。

仮説を考えるうえで役立つのが、「空・雨・傘」です。「空・雨・傘」とは、情報を「事実」→「仮説」→「実行」と分解して、思考を深める思考の型です。「雨」に当たる、「雨が降ってきそうだ」という部分が仮説となります。

空（事実）：黒い雲が急に広がってきた

↓

雨（仮説）：雨が降ってきそうだ

↓

傘（実行）：傘を持って出かけよう

「まずは仮説を立てよう」などとよく言われるように、仮説という言葉は、ビジネスにおける数多くの場面で使われています。しかし、「空・雨・傘」の思考の型を知ったからといってすぐに仮説を立てられるのかというと、それは少し難しいかもしれません。

私もコンサルタントとして働き始めた頃、この仮説出しに苦労しました。何のデータや資料を参考にして、どんなことを言えば説得力のある仮説として上司やクライアントに提案できるのか。あれこれ考えているうちに、時間ばかりが過ぎていました。

しかし、当時の私が仮説を出すのに時間がかかっていた理由は、仮説を立て始めるタイミングが遅かったことでした。仮説を「先に」立てていなかったことで時間をムダにしていたのです。

仮説とは本来、先にゴールをすばやく設定しておいて、検証し、修正するというプロセスを高速で回すために立てるものです。

「仮説↓情報↓仮説の再構築↓実行↓検証」というプロセスをたどるべきところを、「情報↓仮説↓実行↓検証」という誤ったプロセスをとっていたのです。

「先に仮説を立てて、それを再構築する」というプロセス、つまり仮説も「先出し」することを抜かしてしまっていたのです。

仮説がなかなか立てられない人は、失敗を恐れるあまり、前例を探すために大量のデータや資料にあたることから始めます。それらにじっくりと目を通してから、のんびりと仮説を立てているのです。

仕事の圧縮を目指すなら、参考となる情報が少ない段階でも、とにかく仮説を立てます。情報を用いずにゼロからすばやく仮説を立てるには、「自分自身の日々の経験や価値観」を用います。自分の中に経験がない分野のことは、知っている身近な領域に引き寄せて類似事例で考えます。そのためには、身近な人に聞いてみることです。まずは3人に聞いて仮説を立てます。

調べもしないで仮説を立てることは、一見非合理に思われます。だからこそ、次々と仮説と検証を繰り返すのです。Aという仮説を立て、それが正しいかどうかを検証する。検証結果に基づいて仮説を修正し、Bという仮説を立てる。またその仮説が正しいかどうかを検証し……というプロセスをすばやく繰り返すことで求める結論へとたどりつきます。

ここでのポイントは、仮説で複数のアイデアが出てきたら、可能な限り、複数を同時に進行させることです。一つだけを議論して選んで失敗するより、同時に複数進めて仮説と検証を繰り返していくのです。

まずは、情報ゼロでも、仮説を立てることを心がけましょう。すばやく仮説を立て、これを検証することで、課題解決や意思決定が加速し、仕事圧縮につながります。

問題解決に向けてアプローチする

仕事の効率が悪い人は、全体像があいまいなまま、いきなり100%の完成を目指すので、中途半端な結果となるのです。仕事ができる人は、正しい情報をつかみ、全体像を把握したうえで適切に仕事を進めます。ひと言でいえば、これまで紹介した思考の型を活かした、「問題解決アプローチ」に基づいて仕事を進めているのです。

問題解決アプローチは、具体的には次のように進めていきます。

- **目指すべき最終ゴール（目的）を見極める**
- **目的達成に向けた必要な仕事の全体像と中身を確認する**
- **仮説思考で高い成果を生み出すコアな仕事を確認する**

- 実現可能な選択肢を含めた仕事の流れを確認する
- 仕事がしやすいレベルに作業の細分化を行う
- 細分化した作業のインプットとアウトプットを見定める
- 完成イメージ、作業の流れ、スケジュールを確認する
- 関係者と完成イメージを共有し確認する

問題解決アプローチを活かすことで、仕事の全体像を示す地図が見渡せます。最終ゴールに向けた道筋が把握できて、見落とせないポイントを押さえることができます。常に最終ゴールに向けて仕事の全体像を俯瞰しながら、細分化した作業の優先順位を見極めます。目指すべき最終ゴールを把握し、仕事の全体像や中身がわかり、限られた情報や時間のなかでも完成イメージを具体的に見極めることができるのです。しかし、仕事状況は刻々と変化するので、問題解決アプローチを基に完成イメージも修正します。

すべての作業では、まずは全体像を把握することに努めます。全体像を把握し構造化して分解し、作業を細分化します。そのうえで、どれを優先して着手すべきかを決めることこそが問題解決のコアなのです。

POINT

「思考の型」に当てて、情報整理を加速させる

- ビジネス状況をすばやく把握するために「思考の型」を利用する
- 問題解決では、まずは仕事の全体像を把握する
- 仕事においては、「ダブりなく」よりも「モレなく」全体像を把握する
- 仕事をロジックツリーで細分化し、MECEで整理して、具体的な作業を洗い出す
- 情報が少なくても仮説を立てる→修正→新たな仮説を立てるのサイクルで進める
- 問題解決アプローチを活かして、仕事の全体像を示す地図を見極める

第4章

まわりの仲間の能力を最大限活用して、型からはみ出たものは自分でやらない

一人ではやらない

仕事を人に任せることがプロフェッショナル

仕事をこなすうえでよく見られる間違いの一つが、何でも自分一人でやろうとしてしまうことです。

全部の仕事を一人でこなしてはいけません。自分が苦手な分野や未経験の分野を手探りで行い、結果として仕事の質を低くしてしまうより、他者に任せることで得られるより高い成果を求めるべきなのです。そしてまた人に任せることで、人を動かすという、リーダーに必須のスキルを磨くことができます。

人に任せることで、自分はより付加価値のある別の仕事を進めることができます。

人に仕事を任せるといっても、仕事を丸投げすればよいというものではありません。

「○○部分の△△がよくわからないので、調べてほしい」など、目的やなぜお願いする必要があるのかを丁寧に説明して理解してもらう必要があります。

「仕事を人に任せるのが、プロフェッショナルだ」と教えてくれた人がいます。マイクロソフトシンガポールにてアジア全域のライセンス監査業務の責任者である、私の現在の上司です。

自分の専門領域以外の仕事を取りまとめられずに、パニック状態にあった同僚に向けられた言葉でした。

仕事の目的は、優れた成果を生み出すことです。**何でも自分で抱え込まず、人に任せることで最高の成果を目指す**のです。

だからこそ、今までやったこともないような新しいことや大きな仕事に挑戦するとき、まずは仕事の全体像と作業を把握して、自分でやるべき仕事と人に任せる仕事を見極めるのです。

自分でやるよりも、人に任せたほうが質的にも良くなることは躊躇せずに人に割り振りましょう。人に任せる仕事は、目的や課題をしっかり伝えて、上手にサポートしてもらえるように心がけます。最終的にベストな成果につなげることこそが大切なのです。

「仕事は人に任せることがプロフェッショナル」であることを肝に銘じ、人を巻き込んで、優れた最高のアウトプットを生み出してください。

上司を巻き込み、定期的に戦略的ホウレンソウをする

仕事とは人に頼んででも最大成果を目指すものです。そのためには、上司も最大限に巻き込むことが必要です。

上司を効果的に仕事に巻き込む最大の武器は、「報・連・相」です。先ほど「報・連・相」で上司と定期的にコミュニケーションすることで、ミスを避けられると紹介しました。しかし、単に定期的な進捗報告としてではなく、さらにこちらから、「戦略的『報・連・相』(以下、戦略的ホウレンソウ)」を積極的に行うことで、上司を巻き込む効果はさらに高まります。

- **悪い情報は、リアルタイムに報・連・相する**
- **「報告」は、適切なタイミングに自ら即行う(進捗会や定例会を待たない)**

- 新しい情報の入手時はビジネスチャンスとして即報告する
- 相談はタイミングを見計らい余裕を持って行う

これらは、上司との信頼関係の構築に大いに役立ちます。

私は、「５：15の法則（Five Fifteen Rule）」を基準に日報のメールを欠かしません。

その基準とは、「相手が最大５分で確認できる内容に絞り、私は最大15分で報告を完了させる」というものです。これはマイクロソフトシンガポールに転職した際、アジア域内・欧米への出張で多忙にしていた元上司から学びました。

毎日メールで報告をしていれば、上司が必要な判断を的確にしてくれると考えてはいけません。

上司はあなたよりも忙しいので、手間ひまを省いた方法で、承認をとらなくてはいけないのです。

そこで簡単に承認をとるために使われているのが、「クローズド・クエスチョン」です。「Ｙｅｓ／Ｎｏ」または「Ａ／Ｂ／Ｃ」などに選択肢を絞って確認してもらうのです。

たとえば、上司に相談する場合、ただ「どうしましょうか？」と質問するのではなく、「やめる／他の方法を考える／方向を変える」などある程度の選択肢を提示して、判断してもらいやすくするのです。

上司を巻き込むメリットはたくさんあります。まず大前提として、どんな上司も仕事の経験が豊富で知識量が多いものです。不明点や疑問点などを尋ねれば、サッと答えが出てきます。いざというときには、仕事を手助けして問題解決に協力してくれる心強い存在です。

上司を巻き込むためには、上司には戦略的ホウレンソウをして、「こちらの心境と同調」するようにします。

なかでも、上司を巻き込む一番の狙いは、「成果の優・良・可をコントロールする」ことです。

すべての仕事を完璧にこなしていては時間がなくなります。限られた時間で終わらせるには、仕事を成果レベルで、完璧に仕上げる必要があるもの（優）、80点に仕上げるもの（良）、及第点ギリギリでもかまわないもの（可）の三段階に分ける必要があります。

しかし上司は、突然突き出された「可」の仕事にOKを出しません。上司とは得てして、「優」を求めます。少し妥協して「良」です。そこで、上司に「可」の仕事を認めさせるために、戦略的ホウレンソウの出番となるのです。

上司に逐一経緯を共有していくことで、上司と「運命共同体」になります。共に考え、悩み、進めるなかで、「可」で終わる仕事が合格ラインとなります。

「可」の仕事は、決して手抜きではありません。実際仕事に携わっていると、「優」でも「可」でも問題がない仕事というものが見えてきます。しかし上司には、こうした現場の感覚を、わざわざ共有しないと伝わらないのです。

仕事はやはり担当している本人が一番よくわかっています。だからこそ上司を巻き込むことで、自分で仕事の成果レベル「優・良・可」をコントロールしなくてはならないのです。

キーパーソンを作業に巻き込む「仕組み」づくりが仕事圧縮のカギ

完成イメージのギャップが、仕事のやり直しを引き起こし、この結果、作業が遅延したり、急ぎ対応を迫られたりして仕事の質が下がります。また、完成イメージは最初の段階では情報が少ないこともあって、進めていくうちにどんどんと変わっていくものです。

だからこそ、上司以外にも、キーパーソンを仕事の始まりから終わりまで、積極的に確認プロセスに巻き込む必要があります。

キーパーソンとは、仕事を進めていくうえの意思決定者です。上司である場合もありますが、ここでは上司以外に仕事やプロジェクトを進めるうえで味方につけるべき、意思決定者をキーパーソンと定義します。

複数の部署にまたがる仕事であれば、キーパーソンは複数いる場合も多々あります。社内だけではなく社外にも、クライアントからの仕事を進めるうえで、決定権に影響するキーパーソンもいます。

自分の仕事に協力してもらい、会議での承認や仕事をスムーズに進めるために、味方とするキーパーソンを見極めることは大切なことです。

このため、上司同様、キーパーソンを味方に引き込むにも定期的に戦略的ホウレンソウを行うことが大切です。ただし、上司への場合と異なり、情報共有や相談の意味合いが強くなります。

上司を巻き込む目的は「成果の優・良・可振り分け」や、失敗したときのサポートを受けやすくするためですが、キーパーソンを巻き込む目的は、少し違います。**キーパーソンを巻き込む一番の目的は、「邪魔させない」こと**です。

普段あまり関わりのないキーパーソンほど、こちらが着々と進めてきた案を、否定しがちです。その原因は、経緯を知らないことにあります。しかし、キーパーソンが「あの手この手をすでに尽くして、今こうした状況に至った」歴史を共に見ていれば、否定しづらくなるのです。

2週間に一度、1か月に一度の情報共有でもかまいません。大切なのは、上司やキーパーソンと適切なタイミングで必ず確認し合える仕組みをつくることです。仕事を自分が思いえがくかたちにコントロールし、スムーズに進めていくためにも、上司やキーパーソンを巻き込むことが不可欠です。

新たなプロジェクトなどを始める際には、上司そしてキーパーソンと緊密に連携をとり、仕事の方向性や進捗を確認しましょう。

上司であれば、定期的に打ち合わせができますが、キーパーソンは他部署の人であったり、同じ部署でも別の仕事をしていたりする場合も多々あります。だからこそキーパーソンとは、うまく定期的に確認し合える方法を確立することが大切です。

新しい仕事やプロジェクトの場合は、キーパーソンをなるべく早く見極め、定期的な進捗確認が必要になることを伝えましょう。そして、単発の1回限りの打ち合わせではなく定期的な打ち合わせができるように日程等を調整します。

複雑な仕事の場合は、最初は少なくとも週に一度は確認し合えるようにします。仕事のリズムができて業務が回り始めてからは、頻度を少なくしますが、打ち合わせでなくても、メールでもかまわないので、何らかのかたちで確実に定期的に確認し合える仕掛けをつくることが必要です。端的にいえば、キーパーソンを味方につけて、適宜アドバイスや助けをもらい、仕事を質高く、スピーディに進めなくてはいけません。

チームをつくって最高品質の仕事を行う：Team Dynamics

上司やキーパーソンを巻き込んでいくことで、仕事の圧縮は確実に進みますが、さらに精度の高い仕事をするために有効な手段が**「チームをつくる」**ことです。チームをつくれば、多角的に物事を見て、考えることができるようになります。

チームというと、「プロジェクトチームを編成する」といったように会社主導でつくられる場合が多いですが、ここでいうチームはそんな大層なものではありません。

マイクロソフトではチームをつくって仕事をすることが奨励されているので、自分たちで勝手にチームをつくることができます。「Team Dynamics」と呼ばれ、チームによる組織生産性の最大化を目指しています。

たとえば、私が、「この仕事は4人チームで進めよう。各エリアの要件を集めグローバルに展開するとして、シンガポールからは私。他の3名は、アイルランド、アメリカ、ブラジルで進めよう」と考えて、まわりに声をかけ、チームを編成することができるのです。

大切なのは、会社にとって必要なことに、必要な規模に応じて、まわりを巻き込むことです。

人はそれぞれ、経験、情報、スキルなどにおいて得意分野も不得意分野も違うため、お互いのダイナミズムがうまく協業し機能すれば、チームとしての活動の生産性が飛躍的に上がります。またメンバーの知見が有機的に共有されるので、チームメンバーの大きな成長が見込めます。

ちなみに、私がこうしてチームをつくる場合も、「先出し」で早い段階から、チーム編成のことを上司に相談します。相談といっても、簡単にひと言伝えておく程度で、つまりは根回しです。


昨今のＩＴ革新によって、多くの人の関心が、個人の生産性からグループや組織の生産性へと移ってきています。チームとしての作業が増加し、さらに、チームに参加する人の数が増加し、５年前に比べると、１人の社員が所属しているチームの数は、約2倍に増えています（「２０１６年マイクロソフト調査結果」より）。

この背景もあり、マイクロソフトでは、ここ数年、社員全員コラボレーションの強化により、質の高い仕事を実現することが求められているのです。

ちなみにマイクロソフトでは、先ほど説明した目先のちょっとした仕事を効率よく進めるための小さなチームから、会社のカルチャーをも変革するようなチームまで、さまざまなチームをつくることができます。

私が直近で関わっている大きなチームは4つあります。所属する部門が全世界で進めている「業務プロセス改善」、「2020年に向けた新ビジネスモデル策定」の2つのチームのアジア代表。そして、アジア域内の「ワークライフバランス改善」、「CSR（社会貢献）」の2つのリーダーを担っています。

「会社をこう変えていきたい」「こういった課題がある」という問題提起から始まって、小さなチームから大きなチームまでつくることができるのです。

一人で仕事を進めるほうが、気楽だという人もいます。得てして仕事は、人の協力が必要な場面に遭遇します。しかし、最初からチームをつくっておけば、いろいろな人の情報を集められ、根回しもしながら、仕事を進めることができるのです。

会社からは、チームを編成してより高い成果を生み出すことを評価され、なおかつ人を巻き込むリーダーシップが磨かれる貴重な機会にもなるのです。

まさに、「Team Dynamics」。仕事のポリシーとして「まわりを巻き込み、他人やチームメンバーの知見を活かすことで最高品質の仕事を行う」ことを心がけることが大切です。

POINT

一人ではやらない

- 仕事は優れた成果を出すことが目的。人に頼んででも最大成果を目指す
- 「報・連・相」は問題が起こったときだけにするのではなく、定期的に報告する
- 上司を仕事に巻き込んで、仕事の成果レベル「優・良・可」をコントロールする
- キーパーソンを味方につける
- チームで働くことで効率よく高い成果を生み出す

他人をレバレッジする

自分でできない作業を見極め、他人の力を借りる

前にも述べたように、人に任せることこそが、プロフェッショナルの仕事です。そして、**仕事が速い人は、「他人の力を借りる」のも上手**です。

デロイトコンサルティング時代のシニアリーダーたちも、「他人の力はどんどん借りるべき」という考えでした。

デロイトコンサルティングマレーシアの社長で当時日系企業向けリードパートナーであった元上司は、思い立ったらすぐに、必要な知識や情報を持っていそうな人に電話をかける人でした。

ネットワークが広いのも驚きでしたが、相手が退社して、別の会社で働いていても、海

外に住んでいようとも、お構いなしで連絡して、必要な情報を瞬時に得ていました。

仕事には「解決策」が必ず存在します。解決策の見当がつけば、問題はすぐに解決します。解決策を知るには、詳しい人に聞くのが一番早いのです。新しい課題であっても、何からの解決策につながるヒントは見つかります。


彼にならって、私もプロジェクト開始時には、最初にメンバー全員を集めて、課題を洗い出して解決策を確認します。

そうすると必ず、誰かが、「それなら、うちの部署で扱ったことがある」「以前のプロジェクトの資料が参考になる」といった解決策へのヒントを出してくれます。常に変化するビジネス環境においても、**他人の力を活かすことによって困難な仕事がスムーズに動く**のです。


解決策のヒントだけではありません。各分野の専門家たちと話すことで、プロジェクトを進めるうえでのコストやスケジュール感も確認できます。

専門家は経験則からの「相場観」を持っています。相談すると、作業に必要な期間や人数・コストの具体的な数でアドバイスしてもらえるはずです。この相場観は、仕事の段取りやスケジュールを組むうえでとても役立ちます。

自分で一から考えるよりも、相場観を持つ人に聞けば、精度が高く、質の高い仕事につながります。自分一人でどうにもならない問題、解決策が見いだせない問題も、「他人の力を借りれば早く解決できる」ことを心にとめて、どういう作業や情報が確認できれば問題解決につながるかを見極め、適切な人に確認するのです。

誰かに解決策を教えてもらい、仕事を他人に割り振ることができれば、目の前には「自分にできる仕事」しか残りません。

自分にできる仕事であれば、すぐに取り掛かれるし、早く片付けられます。仕事が遅い人は、苦手なこともすべて自分でやろうとするから、時間がかかるのです。自分の手に負えない仕事を、解決策もわからないまま、自分一人で進めようとして延々と悩んでも決して仕事は終わりません。

言ってしまえば、**「使えるものは全部使う」**のです。世界的グローバル企業で働く優秀なプロフェッショナルは皆、この仕事術の有用性に気付いており、今では常識となっています。

だからこそ、変なプライドや罪悪感を捨てて、「自分でできない作業、一番時間がかかる作業を見極め、他人の力を借りる」ことをモットーに仕事を進めることが大切です。

☑ 他人をレバレッジする意識を持つ

自分一人でできることには限りがあります。より高い成果を生み出すためには、その分野で秀でた人に頼むほうが効率が良いはずです。

コンサルティング業界では、専門家を巻き込み、クライアントにとっての最高の成果を出すことを**「レバレッジする」**といいます。レバレッジとは、てこの原理を表す言葉です。まわりの力を活かし、自分一人ではなし得ないことを実現するのです。

このレバレッジを活用するには、専門家を知っているだけでは不十分です。

むしろ、「いざというときに自分を頼りにしてくれる人が、いろいろな分野にたくさんいること」こそが大切なのです。

デロイトコンサルティングマレーシア社長の元上司やシニアリーダーたちが、社内外に人脈があることを紹介しました。彼らは単に人脈があり、必要なときに必要な助けを得られることができるのではなく、彼らもまわりの人たちが困ったときに頼りにされる、Ｗｉｎ－Ｗｉｎな人脈を築き上げているのです。

レバレッジを活用し助け合える仲間や人脈をつくるためには、まずは自分が「この人と仕事がしたい」「この人といると学びが多い」「この人と仕事すると成長がありそうだ」と思われるようになることが必要です。

一緒に仕事がしたいと思われる人になるためには、自分の想い・価値感・提供できる付加価値をしっかりと伝えることが大切です。

そのために、次の３つのことを意識してみましょう。

①常に情報や知識にアンテナを張る

他人よりも「情報や知識」（インテリジェンス）が豊富であったり、ユニークであったりすると、人を惹きつけることができます。インテリジェンスが少ないと当然アウトプットも小さくなり、結果としてまわりへ貢献できなくなるのです。

②自分のコアや強みを磨く

人は、共通点があったり、興味・関心が同じだったりすれば、会ってみたいと思われる人になる可能性が高くなります。「私はこういうことをしています」「私はこういうことに興味があります」「私はこのために頑張っています」と、自分がどんな人間かを表現するのです。そのためには、好奇心を高め、多くのことへ挑戦して、自分のコアや強みを磨く必要があります。

③情報発信し自分の意見を伝える

ブログやフェイスブック、ツイッターなどで情報発信することは重要です。これらの発信が意見となり、それを見た人から「参考になった」「共感できた」「興味を持った」とアプローチがあるかもしれません。夢や想いに共感してくれる人がいれば、仕事以外の人脈も広がる可能性が高いでしょう。

社内で尊敬する一人に、マイクロソフトタイランドの社長を務めた後、現在は米国本社でシニアリーダーを務める女性がいます。

彼女はSNSを活用して、業界のトレンドやニュース、彼女ならではの見解を積極的に発信しています。どんな想いで仕事し、どのような社会的インパクトを実現しようとしているかがわかるため、私も強い関心を抱き、敬意を持って彼女の仕事に関わっています。

自分一人でできることには限りがあります。常に、まわりの人を「頼れる個人」として丁重に扱い、一方で自分の魅力を高めて「信頼」と「尊敬」を育み、いざというときに喜んで助けてもらい、一緒に目的を遂行し、レバレッジできる優秀な人脈をどんどん増やしていくのです。

一人でも多くの適材適所人材の知り合いをつくる

マイクロソフトの最新の社内調査で、売上が高い営業と平均的な営業とでは、社内ネットワークの数に、50％を超える差があるというレポート報告がありました。社内に知り合いが多い営業職の人は、営業でも高い成果を生み出していることが証明されたわけです。

営業職でなくても、社内の事務系の仕事でも、社内ネットワークの多いことが、仕事の成果につながることは確認されています。

まずは、社内の知り合いがどんな仕事で何を担当しているのかを、漠然とではなく、事細かに教えてもらって把握しましょう。そして可能であれば、知り合いたちでフォローされていない分野の仕事に携わっている人を紹介してもらい、**一人でも多くの適材適所人材の知り合いをつくりネットワークを広げていく**のです。

社内ネットワークは、打ち合わせや社内イベントなどで何度も顔を合わせることで築いていきますが、ポイントは「多くの人と一対一で言葉を交わす」ことです。グループで話しても、「その他大勢」の印象しか残りません。

他部署の人とは、接点をあえてつくるようにしないと、仲良くなるのは不可能です。

そして、相談する際にはポイントがあります。

「相談の場には、事前に相談したい内容を1～3枚程度にまとめた資料を用意していくこと」です。資料は印刷したものを持参します。

自分よりも役職が上の人と打ち合わせをする際は紙の資料を用意するようにと教えてく

れたのは、現在は米系ソフトウェア会社のアジア全域の役員として活躍する元マイクロソフトインドネシアのCFOであった私の元上司です。資料にまとめて印刷して持っていくという手法は、思った以上に高印象を持たれます。

仕事の問題解決においては、ちょっとした解決方法や仕事のコツがわかることが大きな助けになります。また、どうしても自分で解決できないことや苦手なことは得意な人にサポートしてもらうことで効率的に進めることができるものです。

一人でも多くの適材適所人材の知り合いをつくることが仕事の成果を生むことを念頭に置いて、社内ネットワークを磨くことが必要なのです。

いざというときに確実に助けてもらうために「味方」を増やす

先ほどは、適材適所人材の知り合いをつくる必要性を紹介しました。しかし、より積極的なサポートが必要なときがあります。積極的な支援をしてくれるのは「味方」です。

味方は仲良しでなくてもかまいません。個人的にもいい関係であるに越したことはありませんが、そうでなくても味方はつくれます。味方は、「直接的・間接的にサポートしてくれる人」です。どんな状況であっても、こちら側を支援してくれる人のことです。

ではどうやって、味方をつくることができるのか。職場で味方をつくる、いくつかの基本的なステップがあります。

①味方のニーズを把握する

まず味方になれそうな人が、何を大切にしているか、何を求めているのか。その味方が何によってモチベーションが上がるかを把握するのです。もしその人が、会社で存在感を示したいのであれば、その人が語った、いい意見や貢献を、みんなの前で話して聞かせて、味方の株が上がるようにサポートします。

あなたを敵と見なしている人も、味方にできるときがあります。そのような場合は、相手に警戒心を解いてもらえるような働きかけをします。

たとえば、こちらが相手の地位を脅かすのではないかと警戒されているなら、相手の邪魔をしたり敵対したりする気はまったくないことを、言葉にして伝えて理解してもらいます。

「敵」は、特に大した理由もなく敵対している場合が多いので、警戒心を解いてあげると、仲良しにはならなくとも、味方に変わるのです。

②味方にはどんなときも味方する

どんなときも味方に助けてほしいと思うなら、こちらも同じことをする必要があります。強固な人間関係というものはすべて、相互に相手に対する信頼があって初めて成り立ちます。こちらが身を挺してでも味方になるからこそ、相手も同じように助けてくれるようになるのです。

ここで忘れてはいけないのが、味方同士をつなげているのは「仲良し」ではなく「信頼」であることです。もし状況によって、味方を助けたり助けなかったりすると、味方は「不信」の念を抱きます。

こちらも「困ったとき・不利なとき」に助けてほしいと思うのなら、どんなときでも味方を助けなくてはいけません。「無条件に味方」でないと、信頼関係は一瞬で崩れ去ります。

③「ギブ&ギブ」で味方への貸しをつくる

味方には、いい意味で「貸し」をつくります。「ギブ&ギブ」の精神で、とにかく味方のためになる貸しをどんどん与えていきます。「ギブ&テイク」のテイクがなくてもかまいません。

人間には、「返報性の法則」というものがあります。受けた恩を返そうとする習性のことです。貸しが直接的には返ってこなくても、相手の心には感謝の思いが残っていて、自分の知らないところで助けてくれているものです。

これは私がメンターに教わった言葉ですが、「人は自分が思っている以上に、ちゃんと見てくれている。だからこそ、人のためになる行動をとっていれば、たくさんの助けを受けることができる」のです。

先述したデロイトコンサルティングのシニアリーダーたちも、メンバーとの信頼関係の構築に力を入れていました。

日頃からまわりに声をかけ、相談にも積極的に乗ってサポートし、まわりの人を味方にする努力をしています。だからこそ、いざというときに相手も喜んで味方として協力してくれるのです。

上司、チームメンバー、会社のキーパーソンなど、身近な人たちからどんどん味方にします。味方を多くつくることができれば、働くうえでの貴重な財産となります。

日々、味方を増やすことを意識し、「ギブ＆ギブ」の精神でまわりに貸しをつくり、いざというときに必要なサポートを受けて、自分ができない仕事、自分が苦手な仕事をうまくこなしていくことが大切です。

日本は近年、グローバル化や実力主義の波に押されて、個人主義の風潮が強まってきています。かつて私も、自分のスキルアップだけにこだわって仕事をしていました。それが実力主義のなかで生き抜くことだと信じていたのです。

しかし、エグゼクティブＭＢＡで「How to manage your manager（ボスマネジメント）」を知ってから、会社での人との関わり方が一変しました。実力主義・個人主義が進めば進むほど、社内評価が問われるため、まわりの人を巻き込んで、社内ネットワーク特に味方を増やすことこそが、自分を守ることだと知ったからです。

ボスマネジメントは、上司を戦略的に動かし、積極的に後押ししてくれるような状況をつくり上げる技術です。欧米では、ボスマネジメントが成果を出す人に共通する能力と捉えられており、組織行動論を学ぶＭＢＡのカリキュラムにも取り入れられ、重視されています。

さらにできる人は、このボスマネジメントの手法で、各所のキーパーソンも上司同様に巻き込んで、社内ネットワークを広げ、関係を強めていきます。

「社内ネットワークをつくる」というと、社内政治的な響きがして、いい印象を持たない人もいるかもしれません。しかし、たった一人でできる仕事は限られます。ビジネスが多様化するここ数年間でも、部門を超えて多くの人と関わる仕事が増えてきています。だからこそ、多くの味方を持つことが大切なのです。

仕事には大きいものも小さいものもありますが、すべての仕事は「会社のために有益なこと」です。**「会社のため、ひいては会社のみんなのため」に、人を巻き込んででも、一つでも多く、高い成果の仕事を生み出していくべきなのです。**

自分のためだけでなく仕事をしていると、まわりからの信頼が深まっていき、「あなたなら助けたい」と上司やキーパーソンが協力してくれます。また仕事には、いつも失敗が伴います。一人で失敗をカバーし続けることができないときも、上司やキーパーソンがフォローしてくれます。

私は打ち合わせや企画のアイデア出しのときにも、まず最初に、私よりも経験豊富な人が話すように持って行って、意見を聞きます。その意見を参考にして決めていくようにしています。

個人の努力で埋め切れない穴を補い、自分の実力以上の成果を出す方法が、「人を巻き込むこと」つまりは、「ボスマネジメント」なのです。

味方は、上司や同僚だけでなく、広くいろいろな部署につくることをお勧めします。部署やチームを超えて味方を増やすことで、普段の仕事では知ることができない、情報や知識を得ることができます。また味方は、会社以外でもつくると、社外からも幅広く情報を集めることができます。

社内外問わず一人でも多くの味方をつくり、組織の力を活かして、自分の目指す仕事を実現することが大切です。いい意味で社内政治力を活かすのです。自分がやりたい仕事、そして夢のためには、「根回し」も積極的に行うのです。常に視点を高く、他人を巻き込み高い成果を生み出し、クライアントや会社に最大限に貢献しましょう。

POINT

他人をレバレッジする

- 仕事には「解決策」が必ずある。他人を有効活用し、解決策の糸口を見つける
- 専門家は「相場観」を持っている。わからないことは、専門家に頼る
- 自分一人でできることには限りがある。得意な人を巻き込む
- 日頃から信頼関係を築き、いざというときにレバレッジできる味方を増やす
- 一人でも多くの適材適所人材の知り合いをつくる
- 人には「返報性の法則」がある。損をすることはないので、多くの貸しをつくる

おわりに

冒頭でも少し書きましたが、私の夢は日本人口の20％に当たる2500万人の人たちを「働きやすく、生産性が高く、幸福度の高い」日本に導くリーダーへ育むことです。

公民権運動の母と呼ばれたローザ・パークス女史は、学歴も社会的地位も何もない普通の女性でしたが、マルコムXやキング牧師に影響を与えて、公民権運動を巻き起こしました。

吉田松陰先生は、29歳で獄死しましたが、彼の思想に感化された、高杉晋作、伊藤博文、山縣有朋などの偉人たちが明治維新を起こし、日本の近代化の礎を築きあげました。

ローザ・パークス女史、吉田松陰先生から、「たった一人でも世界は変えられる」ことを学びました。想いが伝わった先で生まれたリーダーたちが日本を変革・向上させることができるのです。

夢なき者に理想なし、
理想なき者に計画なし、
計画なき者に実行なし、
実行なき者に成功なし。
故に、夢なき者に成功なし。

——吉田松陰

まずは、仕事の圧縮で自由な時間をつくり、実現したい夢を考えてください。人に話すのが気恥ずかしいと思えることが夢です。完璧を求めて小さくまとまるのではなく、大きな未完人でいいので、志を高く大きな夢を持ってください。

大きな夢を持って、ぜひ、日本の働き方を変えていきましょう。「仕事圧縮術」を活用して、働き方を変え、生産性を上げて、仕事もプライベートも充実させてください。

悔いのない仕事と人生をまっとうしてください。夢を持ち、活き活きと生きる人であふれれば、日本のビジネスは向上します。

本書の刊行にあたって、これまで支えてくださった皆様へ感謝の気持ちを伝えたいと思います。日本のグローバル化やリーダー育成、働き方革命、社会貢献で活躍する友人・知人たち。アクセンチュア、デロイトコンサルティング、マイクロソフトの上司・先輩・同僚たち。エグゼクティブMBAのクラスメイトたち。ここにすべての方のお名前を挙げることはできませんが、皆様の一言一言の教えがあってこそ、今の私の仕事術があるのです。

そして、出版に至るまでに大変お世話になった、ダイヤモンド社の宮田和美氏、小尾拓也氏、武井康一郎氏。

宮田氏は、私のバイブルである名著『社会貢献でメシを食う』(竹井善昭著)の編集担当であり、ダイヤモンド・オンライン連載への道をつくってくださいました。

小尾氏にはダイヤモンド・オンラインでの連載開始時からお世話になり、連載4年目となった今でも、誠意あふれる神対応にいつも頭が下がるばかりです。

武井氏には本書の企画から編集までのすべてを、編集担当として二人三脚でガチンコで向き合い、尽力していただきました。武井氏の力なしには、私の仕事術がまとまったかたちになることはありませんでした。最初から最後まで読者のために何が役立つかを真剣に考えて、本書をつくり上げてくださった情熱には感謝しかありません。

いつも私を支えてくれている妻智子、娘リエルと息子烈炎。執筆がうまくいかず悩む私に、「日本語を書くのは苦手だけど読むのは得意。パパの本を読むの楽しみにしてるから、頑張ってね」と励ましてくれた子どもの言葉にはホロリときました。特に、子どもたちに私の社会変革の想いや活動を説明し、家庭を守ってくれている妻には感謝します。

そして、キューバの革命家チェ・ゲバラの「吾《われ》、日々革命の兵士なり」という言葉から、「兵吾《ひょうご》」と名付けて、「弱きを助け強きをくじく、社会改革の革命家として育つように」願い、愛してくれた両親に心から感謝します。

最後に、この本を手に取ってくださったあなたへ。この出会いに感謝します。本書があなたの人生が輝く一助になることを願って、この32年間、大切な人たちに送ってきた、私の人生の指針であるこの言葉を送ります。

ＳＴＡＹ　ＧＯＬＤ！（いつまでも輝き続けてください）

２０１８年2月

リーゼントマネジャー　岡田兵吾

[著者]
岡田兵吾（おかだ・ひょうご）
マイクロソフトシンガポール シニアマネジャー
大阪生まれ。同志社大学工学部卒業後、アクセンチュア（日本、アメリカ）、デロイトコンサルティング（シンガポール）、マイクロソフト（シンガポール）のグローバル企業3社で21年間、シンガポール・日本・アメリカをベースに活躍。これまで、アジア全域の新事業開発、業務改善および組織改革に従事。現在マイクロソフトではシニアマネジャーとして、日本・韓国・オーストラリア・ニュージーランドの4か国のライセンス監査業務の責任者を務める。また「アジア組織・改革リード」、「CSR（社会貢献活動）委員」等を兼任し、マイクロソフトでの働き方改革を評価されて数々受賞。世界トップレベルのIEビジネススクール・エグゼクティブMBA取得、同校のアルムナイ・シンガポール支部初代会長。米国PMP（プロジェクト・マネジメント・プロフェッショナル）認定資格保持。
ダイヤモンド・オンラインにて「STAY GOLD！　リーゼントマネジャー岡田兵吾の『シンガポール浪花節日記』」を連載中。人生目標は「ソーシャル・チェンジ」（社会変革）、座右の銘は「STAY GOLD！」。

すべての仕事を3分で終わらせる
――外資系リーゼントマネジャーの仕事圧縮術

2018年2月21日　第1刷発行

著　者――岡田兵吾
発行所――ダイヤモンド社
〒150-8409　東京都渋谷区神宮前6-12-17
http://www.diamond.co.jp/
電話／03·5778·7232（編集）　03·5778·7240（販売）
装丁――――小口翔平＋岩永香穂（tobufune）
本文デザイン―大谷昌稔
製作進行――ダイヤモンド・グラフィック社
印刷――――八光印刷（本文）・加藤文明社（カバー）
製本――――宮本製本所
編集担当――武井康一郎

ISBN 978-4-478-10499-6